無職、ときどきハイボール

酒村ゆっけ、

ダイヤモンド社

無職、ときどきハイボール

酒村ゆっけ、

プロローグ
今日も酒がおいしーーー!!

酒は喜びを生み、悲しみを増幅させる。
言わば感受性を豊かにしてくれ、自分に素直になれる最高の相棒だ。
かといって、酒池肉林《しゅちにくりん》パーリーナイっ!と酒の沼に溺《おぼ》れてはいけない。
泳ぎきることで初めて酒と相棒になれるのだ。

私は現在、短命な社会人生活を新卒1年目の10月には終え、そこからは何となく知り合いの仕事を手伝ったり、勉強させてもらったりで藁《わら》にもすがる思いで生きてきた。つまり、ほとんど無職、ネオ無職だ（最近はライターやYouTube関連の収入も増えてきたが）。

なぜ就活をしたのかと言われたら、そのルートが当たり前だったからだ。大学4年間でやりたいことは見つからず、社会でバリバリ働きたいというモチベーションもなかった。でも、働かないと食べていけないし、周りの目もあるから就職の道を選んだだけ。

酒を浴びるように飲み、昼夜逆転のだらだらした大学生活から一転、就職してからは週5日、下手すれば週6日、朝早起きして出勤したこともあった。

結果、「ここには自分のやりたいことはない」と生意気にもすぐに気付いてしまい、半年経たずに辞めてしまった。上司と人事に「辞めたい」と伝えたときの、あのずっしりとキリキリ胃が痛むストレスは半端なかったな。

でも、私の性格上、時間が経つとずるずる続けてしまうので、今しかないと勢いに身を任せたのであった。

無職になったら、有り余るほどの時間ができた。

とりあえず飲みにでも行くかと、数少ない仲間たちに連絡を取ったが、彼らは完全に「仕事」という二文字にとらわれて活気を失い、羽根を伸ばすことは金曜までは許されぬという状態になっていた。

あの頃のように、とにかくコスパを追求し、何か面白いことが起きないかと常に酒を構える勢いで消耗する毎日はすでに閉ざされてしまったのだ。

そこからはぽつんと、最初はしんみり孤独に包まれながら一人でお酒を飲んだ。

そして、驚いた。

……お、おいしい……。

お酒の味に全集中して飲んだら、味があることに気付かされた。

かなり偏差値低めの発言だが、お酒を味わって飲むことなんてろくになかったから感動したのだ。

そこから面白くなって、緩やかに酒の味を楽しみながら飲むようになった。

「レモンサワーって、メーカーによって酸味がこんなにも異なるのか」

「よくよく飲むと、ウイスキーって種類によって飲みやすさがまったく違うな」

そんなことがわかるようになってきた。

一気に飲んで二日酔いのおまけ付き、ジェットコースター気分を味わうような飲み方から、好きな時間帯から一人で、のほほんとお茶を飲むように、穏やかな気持ちで酒を飲むように変わっていったのだ。

すると、少しずつだけど幸せな気分が押し寄せてきた。それはすごく小さな幸せかもしれないけど、確実に私の人生を楽しく彩ってくれた。

この間も箱根へ行ったけど、紅葉を見ながら朝8時に近くのパン屋さんのビーフシチューパンを食べつつ飲んだ黒ラベルは格別においしかったな。

お金はない、友人も少ない、仕事もほとんどない、でも時間はある。

そんな世間的には〝終わっている〟と言われても仕方がない私が、それでも幸せに生きていけているのは酒のおかげだ。

飲み方次第で、酒は人生を楽しく彩ってくれる。

この本は、そんな私なりの幸せな飲み方を書いたものだ。

これを読んで、少しでも誰かが飲みたいと思ってくれ、ほろ酔いな幸せ気分を共有できるなら、それが何よりうれしいなと思う。

一緒に飲もうよ。

酒村ゆっけ、

無職、ときどきハイボール

もくじ

無職、ときどき

ダイヤモンド社

ハイボール

酒村ゆっけ、

トリキでヒトリキ

ヤバイTシャツ屋さんというバンドの曲に「ウェイウェイ大学生」という曲がある。私には起こり得なかった青春の塊、ウェイ大学ライフについて歌った曲だ。

その歌詞には「鳥貴族《トリキ》でサワーで乾杯したあとスポッチャでオールナイト」という一節がある。この曲を聴いてからは、「大学生の飲みといえば……鳥貴族！」というイメージが刷り込まれてしまった。

しかし学生時代の私は、串に刺されて焼かれ死んだ鳥の姿を見るのが辛くて、トリキで飲んだ記憶がほとんどない……というのは大嘘で、それなりに足を運んだ。

記憶に残っているのは「らりるれろ……らりるれロック?·?·?·」という偏差値が限りなくゼロに近いコールの直後、ウイスキーのロックが机の上に並んでいたことだ。特に脈絡もなく、会話の途中、唐突にそれが始まったから驚いた。

5分に1杯は消えていくウイスキーは記憶をすべて吹き消した。「桃鉄（桃太郎電鉄）」でいう「ぶっとびカード」のような効果があるのか、気付いたら見知らぬ無人駅に漂着していた。そのときは珍しく3人で飲んでいたのだが、早朝になぜか全員が別々の場所にいて、東京駅で合流したときには、一人はトップスを失いヒートテック姿、もう一人はヤマンバメイクになっていた。無茶苦茶だ。

でも、私は知っている。鳥貴族は、そんなウイスキーをバカバカと飲む場所ではなく、おいしいメニューがたくさん揃っていることを。

だからネオ無職になった今、改めて鳥貴族へやって来た。

先に言っておくが、一人で「らりるれロック」を唱えるほど愚かではない。

まずはプレモル2杯と「おかわりキャベツ」、それに「もも貴族焼」が鉄板だ。ビールと焼き鳥といったら、私の中では『カイジ』が思い浮かぶ。劣悪環境の中で汗水流して働いた後に、頑張って貯めたペリカ（地下労働施設のお金）で飲むビールはさぞかしうまいだろう。

私はプレモル2杯を頼むことで、カイジに対して謎のマウントを取っていく。

カイジ、
わたしは プレモル2杯よ

ジョッキが2つあって乾杯しないのも寂しいので、セルフ乾杯して、トリキ飲みの開幕だ。ビールでゴクゴクと喉を鳴らして準備運動。喉越しを感じながら喉を開いていく。

続けて、一足先に届いた「おかわりキャベツ」で胃を慣らしていく。このキャベツは優秀で、その名の通り、永遠におかわりし続けることができるのだ。

そしてこいつには、見落としてはならない無料アレンジ法がある。

ごま油&マヨネーズだ。

ごま油をキャベツ全体にそろりとかけていき、光り輝くキャベツをカロリーのマヨ沼にダイブさせる。これで、フォーエバー・デブ・キャベツに早変わりだ。

これをつまめば永遠に飲める。こいつのカロリーは、アルコールで積極的に流しコロボックルしていきましょう。

キャベツと酒を貪《むさぼ》り食う豚になっていたら、メインのもも貴族焼も到着した。人気メンバーが少し遅れてやってくるのは、居酒屋にも通ずることだと思う。

焼き鳥王道の肉とネギで紡《つむ》がれたこの子を、最初はタレでガツンと逝っちゃいましょう。

トリキの自家製タレは濃厚で少し甘さもあり、文句なしのうまさ。「悪魔的うまさだ」とカイジは表現したけど、私にとっては幸福度が一気に上昇する天使的うまさだ。

濃いめのタレ色に口の中が染められた後、すぐさま川のせせらぎのごとくビールを流し込む。

ゴクリンゴクリン……！

この組み合わせ犯罪的だっ………！

うますぎるっ………！

2つがマッチングした瞬間、格別なうまさへと昇華していく。

そうそう、忘れてはいけないのが「ふんわり山芋の鉄板焼」だ。

過去、ほとんど記憶がない中でも、この鉄板焼きが特別うまかったことだけは覚えていた。これが食べたくて、今ではヒトリキしに来てしまうこともある。

うずらの小さな卵をスプーンで崩して、マヨネーズがかかった山芋ときざみのりを一緒にすくい、パクっと食べる。

とろしゅわっ、

おいしーーー!!


食べた瞬間、まるでメレンゲのように溶けて一瞬でなくなる。その中に残る山芋のシャクシャク感がクセになる。まるで夢心地の気分、口の中が幸せでいっぱいだ。思わずにやけてしまいそうになる。

うまいおつまみの数々に、２杯もあったビールは一気に枯れた。食によって枯れていく様子から「枯山酒《かれさんしゅ》」という造語を作り出したい。

＼これを食べずして
トリキは語れず！／

ふんわり山芋の鉄板焼

その後も、冷やしトマト、ぼんじり、つくねチーズ焼なんかを頼み、気付けばどんどんジョッキが空いていった。

ヒトリキ、最高ーーー！

最近では、一人で鳥貴族に来ることを「ソロ貴族」とも言うらしいので、私は立派な酔いどれ貴族だな。

最後に、デザートとしてミックスジュースを頼んだ。これは意外な人気メニューのひとつで、フルーツのあらごしが感じられてとにかく甘く、口の中の焼き鳥感をリセットしてくれる。食事中に頼めば、焼き鳥、甘さ、焼き鳥、甘さを永遠に繰り返すことができそうだ。

デザートを食べて終わりかと思いきや、気付くと味付煮卵とご飯と味噌汁、かわタレを頼んでいた。もはや定食じゃないか?と目を疑う。いや、頼んだのは紛れもなく私なんだけど。

ほかほかのご飯の上にかわタレを乗せてガッとかきこむと、天国の先が見えてくる。ぜひ、やってみてほしい。

ああ、ほろ酔いでお腹もいっぱい。幸せだ。

今回は食べすぎてしまったかもしれないが、貴族だからこんな贅沢も許されるということにしておこう。

知らない無人駅ではなく、家にたどり着いた私は大人になってしまったんだなと、家で一人、ハイボールを飲みながら、ちょっぴり寂しい気もした。

終電後の吉野家が最強すぎる件

終電を逃し、誰も付き合ってくれずにぼっちになったある日、ふらっと吉野家に行った。

聞き覚えのあるJポップのメロディが寂しげに鳴り響く真夜中の吉野家。

スマホでYouTubeを眺めながら、無表情で牛丼をかきこむ中年男性の姿がちらほら目につく。

こんな夜遅くに一人で吉野家に行ったことはこれまでないから、緊張をほぐそうと馴染みのハイボールを頼んだ。ハイボールは0時をまわっても糖質的な観点から許される一杯である。

お腹がそれほど空いているわけではないので、おつまみには米を抜いた牛皿を頼んだ。カルビ皿などのリッチな肉もあるが、コスパを重視して、最も安い牛皿にたっぷりの紅しょうがを乗せて頬張る。

んー！　おいしーーーー!!

この贅沢感、たまらない。

おかず界最強ポジションに君臨する肉に恐縮し、肉ひとかけらでお茶碗一杯のご飯を食べていた小さい頃を思うと、牛丼に乗っている肉だけを優雅に食べられるなんて夢のようだ。

肉の上に佇《たたず》む紅しょうがは小悪魔でしかない。さっぱりとした紅しょうがが「もっと食べなさいよ、飲んでしまいなさいよ」と煽《あお》ってくるから、たった半皿くらい食べた時点で、いつの間にかハイボールが空になっていた。

もしかして私はマジシャンなの？

「速すぎて見えない」という台詞はこんなときにも使えるんだな。

追加の酒を待つ間に、新たなつまみを選抜しようとしたら、珍しい名前に思わず目を止めてしまった。

その名も「だしまかず」だ。「だし巻き」というワードは幾度となく目にしてきたが、あえて逆をいく「だしまかず」なるものは初めて目にしたぞ。

すぐさま注文すると、追加のハイボールと一緒にそいつはやってきた。

見た目はシュークリームのようで、確かに巻かれていない。どちらかといえばスクランブルエッグの一派なのかもしれないな。

かつお節が熱い卵焼きの上で激しいダンスを踊っている。きざみネギのトッピングが色合いを保っていて視覚からすでにおいしそうだ。

まずは醤油をつけずにいただこう。

パクッ……もぐもぐ……

ほっこり、おいしーーーー!!

ほんのりとした卵焼きの甘さ、そして特性だしの香りもふんわりとやってくる。タンポポの綿毛のようにふわふわと優しいリズムで私のすべてを包み込む。『となりのトトロ』のお母さんのような優しい味だ。

それが醤油をかけると一変、元気ハツラツ、『サザエさん』や『あたしンち』のお母さんのような味に変化して、これまたうまい。

だしまかず

ハイボールを枯らすためにも、この調子で味の濃いものを畳みかけていこう。

普段は、キムチやお新香といった裏切られることがないメニューに手を出しがちだが、だしまかずに挑んだ今日の私は挑戦的だ。迷わず、「やみつき明太ポテマヨ」を注文した。

ポテトサラダは、おおむね芋で構成されているので、胃のキャパがすぐに埋まってしまうから、あまり頼まないようにしている。

以前、「ビックボーイ」というハンバーグ屋さんに行ったときに、サラダバイキングでポテトサラダを食べ過ぎてしまい、肉が来る前にお腹いっぱいになってしまったほろ苦い思い出があるからだ。

しかし、明太ポテマヨは無敵だった。明太子のピリ辛さにマヨネーズという味の濃いコンビ。胃のキャパなどなかったかのように、どんどん食が進む。

こんな夜遅くに、「マヨネーズなんてもってのほかだよ!」と頭の中の天使が警告してくるが、「ハイボールを飲めば、カロリーは全部流しコロボックルだぜ」と悪魔サイドも負けじと煽ってくるから、結局、今日も悪魔の誘惑に流されてしまうのだった。

さらにあろうことか、「牛マヨコーンチーズ炒め」なるものも注文してしまった。子どもが大好きな、回転寿司のマヨコーンとデジャブを感じる。これは間違いなく、ビールに合う。

「もうビールも呼んじゃいなよ」と悪魔の誘惑を待つまでもなく、自分の意思でビールを注文してしまった。

ああ、なんて私は愚か者なんだろう。

こんな自己嫌悪、飲んで忘れるしかない。

こうして瞬く間に時は過ぎていき、気付けば始発電車が動き始めていた。

名残惜しい気持ちとともに、〆のラーメンを頼んだ。吉野家では、店舗によってラーメンが提供されているのだ。

ラーメンには、味付け海苔《のり》がついている。新しい朝が今日もやってくるんだなあと、朝ごはんの象徴である味付け海苔から〆と同時に始まりを感じた。

280円のラーメンと過ごす最後の瞬間を惜しみながら、飲みかけのぬるくなったビールをグイッと飲み干した。

いつかこのラーメンを一緒にすすれる愛しい相手が現れたらいいな、なんて思ってしまったけど、目の前にいるハイボールやビールたちが嫉妬してしまいそうなので、心の中で「ごめんね」ってつぶやいて、そっと店を後にした。

アルコール海の人魚姫になりたいの

幼い頃、プリンセスアニメをよく観ていた記憶がある。でも、もの恥ずかしさもあったのか、友達にはプリンセス好きを明かさず、一人でこっそり遊んでいた。

家の中にある人形を7体抜擢《ばってき》して自分の周囲を囲んでもらい、そこにそっと横たわってお昼寝する「ソロ白雪姫ごっこ」をしたり、はたまた自分はもしかしたら人魚かもしれないという意気込みでプールを泳いだりした（鼻から水が逆流して、もがき苦しんだ思い出がある）。

もしかしたら私のように、小さい頃、お姫様になりたいという夢を描いた人もいるのではないか。シンデレラコンプレックスという言葉は、同志がいるからこそ生まれたのだと思う。

そんな同志たちに、かつてお姫様になりたいと願ったその夢を叶えてくれる場所を特別に教えよう。王子様になることも可能だ。

アルコール海の人魚姫、王子様へと導いてくれる場所、それは「磯丸水産」だ。

ここにはたくさんの海の仲間たちが集っている。

だが、この海は非常に波が荒いので注意してほしい。お酒をお酒で割るという磯丸の名物酒「風神」「雷神」をはじめ、泳ぎ切れないほどの荒波が待っている。

まずは荒れた海に慣れるために、「風神」とチェイサーとして「こだわり果実サワー」を注文するのがルーティーンだ。

その際、お通しカットも忘れない。お通しにはハタハタという小さな魚とさつま揚げなどが付いてくるが、本命に備えて節約していくスタンスだ。

するとすぐに、「風神」がやってきた。

ミニグラスにたっぷりとシャーベット状の日本酒が詰め込まれ、そこにグラスの受け皿までなみなみと梅酒が注がれていく。二日酔いという名の爆弾を抱える酒なので、飲み過ぎには注意したい。個人的には、３、４杯なら溺れることなく泳ぎきれる。

手に持つとこぼれてしまうほどなみなみと酒が注がれているので、這《は》うように透明のグラスに口づけをする。

ちゅうぅー……

あまーーい！

おいしーーー!!

風神

注ぎたての梅酒はまだ冷え切っておらず、甘い甘い梅の味を堪能できる。上唇にほんのりと触れる冷酒のシャーベットは冷たく、目も冴えてくる。全身に爽快感が響き渡り、グイグイ飲めてしまうのだ。

ちなみに、「風神」の相方である「雷神」は、よりアルコールがきつくて濃い。焼酎ベースに梅やカシスなどのお酒が混ざり合い、いまだにこの焼酎の海を泳ぎ切れたことはない。

選手宣誓を「風神」で終えたあとは、海の仲間たちを呼び出す。

まず、マーメイドと言ったら赤いカニのお友達は必須。

これまでずっと『リトル・マーメイド』でセバスチャンと名乗るあの赤い生命体のことをエビだと思っていたのは内緒だ（カニらしい）。

ということで「蟹味噌甲羅《こうら》焼」を注文する。これは磯丸水産に来たらマストだ。

ついでにイカの浜焼とサーモンの刺身、島寿司なんかも頼む。

網の上で蟹味噌とイカの浜焼をじっくりこんがりと焼く。その間に、サーモンの刺身で空腹を満たす。完璧な布陣だ。サーモンを食べていると、マーメイドの親友の黄色い魚を思い出したが問答無用、ニッコリと口の中で溶かしていく。

蟹味噌甲羅焼

島寿司という名の人魚たちも合流した。これは醤油漬けにされた白身魚とマグロがシャリの上に乗っていて、そこにカラシをお好みでトッピングして食べる。食べると、思わず「島宝《しまんちゅ》」を歌い出しそうになって困る。

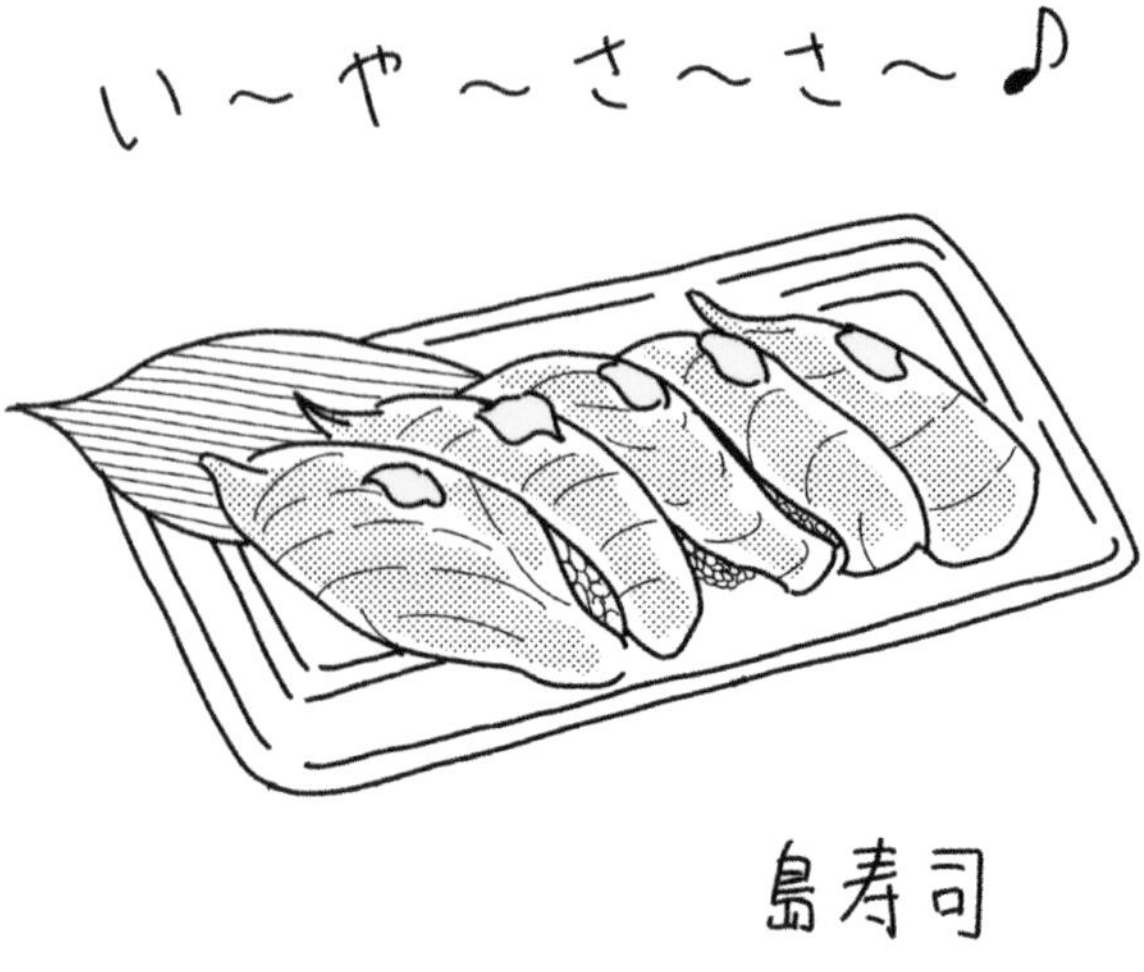

沖縄の海を感じていたら、蟹味噌がグツグツと食べ頃を知らせているではないか。

煮立った蟹味噌は、酒で溶けた私の脳内と同じくらいトロトロだ。トロトロすぎてお箸では掴《つか》みづらいが、少量でもかなり味が濃い。

これに酒をあわせたら、

当然、おいしーーーっ!!


当たり前だが、この組み合わせは間違いない。どんどん酒が枯れていってぶっ飛べる。

イカの浜焼には、たっぷりの七味を入れたマヨネーズをつけて頬張ろう。

アルコール海は快楽の追求によって成り立っているから、血糖値を上げて幸せへと導くマヨネーズには最高のフィールドである。

こうして、海の仲間たちとたくさん触れ合えば、すっかり気分は人魚姫だ。

あなたもきっと、立派な人魚姫になれること間違いなしである。

ちなみに、磯丸水産の匂いは独特なものらしく、２軒目の居酒屋に行ったときに店員さんに「もしかして磯丸水産にいました？」と匂いで判別された。人魚であることが、いともたやすくバレてしまって少し動揺した。

どうやらファブリーズが人間に戻る魔法の道具のようなので、人魚であることに気付かれたくない人は持参しよう。

ハンバーグを食べに来たのに、巨大ジョッキで酒飲んでた話

大人になってから、またひとつ人生における〃初めて〃を卒業しようとしている。

驚くほどに澄《す》んだ綺麗な蒼《あお》が空に広がり、ひまわりも温かい眼差《まなざ》しで見守ってくれている。

年を取るたびに新しい挑戦が億劫《おっくう》になっているが、一歩踏み出すとたいていはよかったと思えるので、負担にならない程度の挑戦心は大切だと思っている。

失敗したな〜と落ち込むこともあるけど、今後同じことをしなければいいだけだ。そういうときは、酒を飲んで記憶を抹消すればいい。

そんなことを思いながら行き着いた先は、ハンバーグレストラン「びっくりドン

キー」だ。

実はこの年になるまで、びっくりドンキーに行ったことがなかった。つい先日まで、びっくりドンキーとドン・キホーテは繋がっていると思っていたくらいだ。どおりでメニューを見ても、あのペンギンのマスコットは出てこないわけだ。

扉のような大きなメニューを広げると、「オーガニックビール」という文字が目についた。ついアルコールに目が行ってしまうのが私の悪い癖である。びっくりドンキーオリジナルのオーガニックビールか。ここはひとつ、お手並み拝見といきましょう。

今回は、サポーターとして妹を召喚したが、妹は一切お酒を飲まないから「びっくり！森のリンゴスカッシュ」を注文していた。

さっそく運ばれてきた2つのドリンク。

それを見て、思わず「えっ？」という声が漏れてしまった。

妹の注文したリンゴスカッシュが規格外の大きさなのだ。

ジャンボサイズすぎて、思わず「チョコモナカジャ〜ンボ♪」とメロディを口ずさんでしまうところだった。羽のついたゴブレットのような容器は、全長30センチくらいはあるのではないだろうか。

とりあえずアルコールとソフトドリンクの相容《あいい》れない乾杯をし、オーガニックビールを嗜《たしな》む。

ゴクリンゴクリン。

おお、これはビール界の無印良品やないか！

質が良く丁寧でシンプルな味わい。自然が口いっぱいに広がる。

後味に関しては、清楚すぎるのか残らず消えていく。深みというよりは、さっぱりさが決め手なのだろうか。

おつまみが欲しくなる味だなあと思ったら、タイミングよく「イカの方舟《はこぶね》」が到着した。妹の鉄板メニューの一つなんだとか。

そしてこれが、想像以上に、

おいしーーーっ!!


イカのピザといった感じだ。こんがりと焼けたチーズとスライスされたピーマンが贅沢《ぜいたく》にイカの上に陣取っている。

ジャンクなマヨを使いこなし、いかにも若者ウケを狙ったテイストだが、イカという時点でどこか親父臭さを拭《ぬぐ》えていない。そんな陽の存在になりきれないイカが愛おしい。さすが妹が認めたイカなだけあるな。

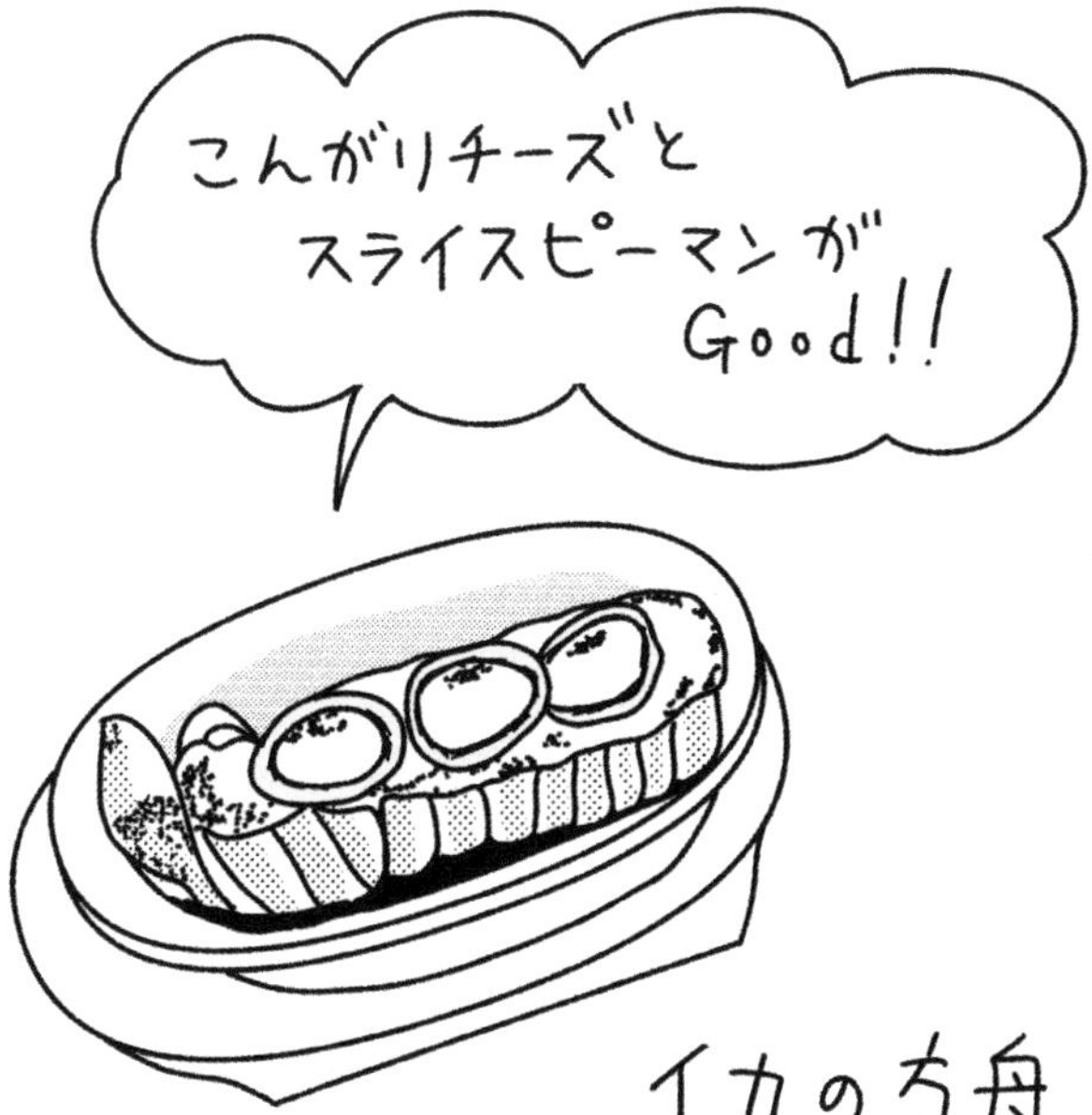
こんがりチーズと
スライスピーマンが
Good!!

イカの方舟

そしてついに、本命のおでましだ。

本日のメインディッシュ、チーズバーグディッシュである。

あのバッテンになったチーズの盛り付けをこうして目の前で初めて見られて、思わず感動してしまった。

平日の昼から繰り出したことで、コスパよく味噌汁まで付いてきたじゃないか。

まずは、熱々な味噌汁を空腹の胃に流し込む。じんわりと温かく、ホッと一息。

最初からガツガツとハンバーグには行かずに、他のものから手をつけることで自分自身を焦《じ》らしていく。

待ち遠しさを募らせるほどに、食べたときにおいしいという想いは爆発するからだ。これぞまさにハンバーグとの遠距離恋愛。

そして、ようやく行き着いたハンバーグの味は、
一目惚れって、味にも存在するんだ！

と心をガッツリ掴まれてしまった。濃ゆ〜いチーズがまた、中毒性を加速させる。

正直、コンビニのお弁当に入っているハンバーグみたいな感じかな？と思ってい

たけど、予想を良い意味で裏切ってくれた。

白米とビールが次々と進む味だ。

なんで今まで足を運んだことがなかったのだろう？

近くにいたのに、20年以上も見落としていたことが悔《く》やまれる。

こりゃあ、みんな大好きなわけだなあ。

最高のつまみで酒が枯れてしまったので、2杯目に「シャンディレモン」（期間限定）を頼んだ。シャンディガフはよく好きで注文するが、シャンディレモンは初めてだ。すべてが初めて尽くしで、初々しい気持ちになれる。

ふと、妹が飲み干したリンゴスカッシュのゴブレットの中にシャンディレモンを注いでみたくなった。両手で羽を掴んで、豪快に酒を飲みたいという気持ちがふつふつとわいてきたのだ。

案の定、「ストロー使われますか？」と店員さんに声をかけられるくらい飲みづらかったが、この豪快さ、非現実感を味わえてクセになってしまいそうだ。飲み干したときには無敵になれた気がした。もう恐れるものは何もない。

『ハリー・ポッター』に登場する炎のゴブレットのように、自分が選ばれし者になれた気分だ。

そんな高揚感からか、けっこうお腹一杯なのに「びっくり！ジョッキパフェ」を注文してしまったことをいまだに後悔している。

タプタプのお腹に大量の生クリームをかきこむのは試練でしかなかった。またお腹が空いた状態で、本当のおいしさを実感したいと思った次第だ。

これからは、びっくりドンキーも居酒屋候補に認定しよう。

ハンバーグを食べに来たのに、
巨大ジョッキで酒飲んでた話

憧れのアメリカン中華で、チキチキうまーーー!!

私を一瞬にして虜《とりこ》にし、味覚を崩壊させた中華がある。

中華料理ガチ勢にはナイフで刺されるかもしれないが、アメリカン中華の「パンダエクスプレス」だ。

海外ドラマや洋画での食事シーンで見かける、四角い箱のアレだ。私が画面越しから青春を感じていた『ゴシップガール』なんかにも登場した記憶がある。その箱の正体がアメリカン中華である。

アメリカ発祥で現在約2000店舗以上を展開するパンダエクスプレス。アメリカで「中華といえば?」と質問すれば、当たり前のように「PANDA EXPRESS!」と返ってくるレベルだと思っている。

Hi
コレ

憧れのアメリカン中華で、
チキチキラまーーー！！

私の高校の頃の夢は、この四角い箱に入った中華を片手に、瓶ビールを持って友達以上恋人未満くらいのフレンズの家に押しかけ、一緒に映画を見て気が付けば手をつないでいるみたいなシチュエーションに遭遇すること、そしてクラブさながらのホームパーティーに参加して夜通しお祭り騒ぎをすることだった。

このために英語の勉強を頑張ったけど、ラーメン二郎が食べられてストロングゼロが気軽に飲める国は日本だけなので留学は諦めた。いや、ストゼロというダメ男に引き止められただけなのかもしれない。

パンダエクスプレスは、そんな私の叶わなかった夢を慰《なぐさ》めてくれる存在だ。何しろ、日本にいながらも、瓶ビールを飲みながら箱で中華を食べるという夢を実現させてくれたのだから。

パンダエクスプレスの注文方法は、プレートの大きさを決めて、そこで「ベース」と「メイン」を選んでいく方式だ。

ベースには、フライドライスや炒麺《チャオメン》などを選ぶことができる。

メインには、オレンジチキンやブロッコリービーフ、グリルドマンダリンチキンなど数種類のメニューが用意されている。

なかでも、パンダエクスプレスの顔であり、人気ナンバーワンの「オレンジチキン」は欠かせない。

ほんのりと柑橘の香りがする、とろとろのオレンジソースのヴェールをかぶった、カリッと威厳を保ったチキン。酢豚のような甘酸っぱさとともに、風に乗って、オレンジの香りがふんわりと妖精のように挨拶しに来てくれる。

列に並んでいるとき、オレンジチキンを子どもの口に運んであげている母親の姿が見えたが、食べた瞬間、その子は「チキチキうまーーーっ！」と店内に響き渡るほどの声量で叫んでいた。

つまり、それくらいうまいのだ。いつかこの子どもも成長して、瓶ビールの肴にオレンジチキンをつまんでほしいものだ。

濃ゆいオレンジチキンを食べながら飲む瓶ビール、これだけで海外旅行に来た気持ちになれる。

瓶ビールはハイネケンやバドワイザーなど海外ビールを選ぶ。濃い味付けのものに、芳醇なビールを合わせてしまうと味の渋滞が起きてしまうので、どちらかとい

憧れのアメリカン中華で、
チキチキうまーーー!!

オレンジチキン

えば水のように飲みやすい海外ビールを合わせるほうが好みである。

トロッとしたソースに柑橘の香り、サクッとした衣にジュワッと溢れる肉汁という絶頂を駆け上るパフォーマンスの直後、一気にビールをゴクリンゴクリンと流し込む。


チキチキうまーーーっ!!


これぞまさに、宴のスプラッシュマウンテン。

そこに炒麺で追い打ちをかける。

これは日本の焼きそばとはまったく異なる風味で、いい意味で油っぽさがある。食べ終えた後は、透明のグロスを塗ったかのように唇がちゅるんと潤う。具材にセロリという変化球も堪《たま》らない。そのセロリがまた、独特な良い風味を出しているのだ。

もっと酒を進めたいなら、「クリームチーズ ラグーン」もオススメだ。揚げ餃子のように衣がカリッと揚げられていて、中には熱々のクリームチーズがたっぷりと詰まっている、パンダエクスプレスの最強おつまみだ。

邪悪な花のような形で、これを初めて見たとき、ドラマ『ストレンジャー・シングス』に登場する化け物・デモゴルゴンにそっくりだ!と興奮して写真を撮ってしまった。

酒をどんどん枯らす能力で、クリームチーズな化け物を退治するヒーローになった気分になれる。

こうしてパンダエクスプレスを一通り堪能すれば、気分は海外ドラマのヒロインだ。いまだに海外での生活に憧れを抱くことはあるけれど、こうして日本で楽しむのも悪くないな。

当時は何かと環境のせいにしていたけど、与えられた環境での幸せの探し方がわかっていなかっただけなのかもしれない。

今はネオ無職だけど、自分なりの幸せが見つけられている。

「今ある生活に絶望しないでね」と過去の自分に教えてあげたいな。

それはそうと、最近、上野動物園に行ってパンダのシャンシャンを見たときに「あ、パンダエクスプレスだ〜」と思ってしまったので、末期かもしれない。

居酒屋サイゼリヤdeストロングゼロ

放課後の思い出の場所といえば、どこが思い浮かぶだろう。好きな人が校庭で部活動をする姿を眺めた図書館、ちょっと気になるあいつとパピコを半分こしたコンビニエンスストア、どうでもいい話をして笑い合った公園のベンチ……こんなのは、小説やアニメの次元だと思っている。

現実は、サイゼリヤでドリンクバーを頼み、ミラノ風ドリアを食べて、どうでもいい話をして過ごすくらいだ。

と言いつつ、高校時代にサイゼに行った回数は恐らく10回もない。なぜなら、放課後にサイゼに一緒に行くような友達はいなかったからだ。

帰宅部の自称エースだった私は、真っ先に塾に向かうのがルーティーンだった。

サイゼで恋バナや噂話、どうでもいい話を語り尽くした思い出がある人は陽の存在だと思っている。

そんなサイゼリヤに、なぜ今になって行く頻度が増えたのか。

答えは簡単だ。

安くておいしい、絶妙なつまみと酒が揃っているからだ。行かない理由がない。グラスワインは100円という安さだ。500円あれば空腹は満たされ、幸せを手に入れることができる。

ミシュラン星付きのイタリアンを食べながら高級ワインを飲むよりも、ワンコインでお腹いっぱいになり、ほろ酔いで家に帰ってテレビを見るくらいの幸せが丁度いい。

しかし、いつも気付いたら、コスパが悪いことはわかっているのに、ストロングゼロを注文している。

そう、サイゼリヤではストゼロを頼めるのだ。しかも缶のまま出てくる。

スーパーで買うよりも高い値段だが、ストゼロを飲みながら外食できるお店は少ないのでレアだ。しかも、店舗によってはピッチャーで頼めるらしい。宴会だ。

最近では、「サイゼに行けば、外でもストゼロ飲めるな～」とつい寄ってしまう。ストゼロは本当に、私を誘惑し、ダメな方向に引っ張って行く沼、ダメ男だ。あいつを好きになればなるほど疲弊し、ボロボロな布切れのようなメンタルになっていく。

好きになってはいけないとわかっていながらも、どうして彼を好きでいることをやめられないのだろう。

サイゼを通るとストゼロが手招きしている気配を感じる。もう言いなりにはならないし、会いたい気持ちをグッと堪《こら》えると誓いを立てても姿を見かけてしまったら最後。結果、都合のいい女に成り下がってしまうというわけだ。

基本、どこにでもサイゼはあるのでエンカウント不可避。もう諦めている。

今日もまたストゼロの誘いを断れず、サイゼの門をくぐってしまった。

こうなれば、安定のダメ男、ストゼロに身をゆだねるしかない。

ストゼロを引き立てる、いつものメンバーを呼び出そう。

まずは、「ほうれん草のソテー」。調子がいいときは温玉乗せにする。温玉のトロトロの黄身を絡めて食べるほうれん草は、食べた瞬間、口の中に壮大な森を築き上げる。ベーコンは森の中の妖精さんだ。

初《しょ》っ端《ぱな》はお腹が空いていることが多いので、即座に森林破壊してしまう。

森と人が争わずに済む道はないのか？

思わず『もののけ姫』の台詞が口から飛び出る。その森に流れ込むストゼロは、神聖にさえ感じてしまう。


続いて大陸から海へ。磯の香りとニンニクの香りが混在する「ムール貝のガーリック焼き」。海なのに安易に触れたらめちゃくちゃ熱くて焦る。

ムール貝の上にはきざまれた野菜がたっぷり乗っていて、そこに別皿のソースを均等にかけていく。貝は頑丈で取りづらいので根気よくフォークでつつく。

ニンニクの香ばしさと野菜のシャキシャキ、濃厚な醤油っぽいソースが貝のうまみを最大限まで引き出してくれる。

これを食べるたびに、『不思議の国のアリス』の残酷極まりないシーンを思い出してしまう。無邪気な貝が、ある人を信用して付いて行ったら騙されて、全員食われてしまうあのシーンだ。

だから、ムール貝に恨まれないように、最後の貝柱の部分まできれいに剥がして食べるようにしている。

もちろん、サイゼの代名詞「ミラノ風ドリア」も忘れない。

ここに無料の粉チーズを全力でかける。使い切ってしまうのでは?というほど、かければかけるほどおいしいのだ。

まっしろになったドリアをスプーンですくい、大きな一口でほおばる。

はふはふ、おいひーーーー!!

これが300円とは恐ろしい。価格崩壊、コスパの神と讃《たた》えている。

最近は、「バッファローモッツァレラのピザ」にもハマっている。これまではマルゲリータ派だったのだが、これに出会ってからは浮気状態。チーズの濃厚さがまったく違うのだ。より、牛乳に近いというか、牛を側に感じる。

もし、サイゼで何を頼んでいいかわからないときは、「サイゼリヤ1000円ガチャ」とネットで検索してほしい。

1000円以内に収まるように自動でメニューを選んでくれる。ドキドキ感もあって面白いうえ、カロリーまで計算してくれる優れものだ。

よし、今日の献立を決めてもらおうと、たった今引いた結果は「プリンとティラミス クラシコの盛合わせ」「ライス」「白グラスワイン」「やみつきスパイス」「赤ワインデカンタ小」の計5つだった。

なるほど、とりあえず酒を飲めということか。

くら寿司って竜宮城だったの？

幼い頃、マーメイドになる夢があった（2回目）。

だからか、水族館でチルする（まったりする）のが好きだ。

ただし、一人でゆっくりと深海に沈んでいくような気分に浸りたいので、アンチ水族館デート派である（一緒に水族館に行くような相手がいなかっただけかもしれない）。

水族館に行った後には、必ず訪れる場所がある。

タイトル名でバレバレな気もするが、１００円回転寿司屋のくら寿司だ。『遊戯王』の次回予告「次回、城之内死す」レベルでネタバレだ。

水族館に行くと、魚食いたいな～、ウニうまそ～などという感想に切り替わり、決まって回転寿司に足を運んでしまう。１００円回転寿司の中では、はま寿司もスシローも大好きだけど、エンタメとして一番楽しめるのはくら寿司だと思っている。

今回も江の島の水族館に行った帰り道、くら寿司に直行した。閉館時間までずっとウニの展示コーナーを眺めて気持ちを高めていたのだが、端《はた》から見たらやばい奴だったかもしれない。

くら寿司といえば、くら寿司オリジナルのハイボール「リッチハイボール」だ。最初にそれを注文し、お供の寿司たちを選抜していく。

今日は何にしようかな〜なんて季節限定メニューからおすすめメニューまで一通り眺めるけれど、結局いつも注文するのは決まっている。

第一陣には、納豆軍艦とマグロ、そして100円回転寿司史上一番好きなネタ「肉厚とろ〆さば」だ。

この〆さば、レベルが異次元である。もはや魚なのか肉なのかわからないくらいに脂が乗っていて分厚い。

まさに海のお肉。噛めば噛むほどうまみが増していく。『鬼滅の刃』の無限列車よろしく、何皿でも胃袋へと運び続けてしまうくらいにおいしい。納豆に至っては、毎日何かと食べてしまうくらい日常に寄り添っているので、こでも癖で注文してしまう。

いつもと違った景色を見せてくれる魚介類たちと、いつも隣で寄り添ってくれる安心感のある彼。恋愛でもそうだが、最終的に選ばれるのは安心感のあるパートナーなのだ。


さっそく、リッチハイボールが到着した。

リッチハイボールは、ミニボトルに入れられ、氷の入ったカフェにあるようなプラスチックカップとともにレーンを流れてくる。

「予約」の札をつけて、颯爽と流れてくる光景を見ると、「くら寿司ロマンスカー」とか「くら寿司ライナー」と名付けたくなってしまった。

〝リッチ〟という形容詞がついたハイボール。何がリッチなのかわからないまま、とりあえず出世祝いってことだよね？とカフェカップに注いでいく。

もしかして、昼から寿司屋で酒を飲むことをためらう人々に考慮して、あたかも

「これ？　カフェオレですけど？」と演出できるように、こんなカップで提供してくれているのだろうか。スターバックスにこのカップをもって紛れ込んでも、きっと誰もこれをハイボールだとは思わないだろう。

早速、ゴクリン、ゴクリンと大きな一口で飲んでみる。

あ、これは正真正銘のリッチなやつですわ。

飲んだ瞬間、柑橘がそよ風のように喉を通り過ぎていく。甘く優しく私を包み込んでくれるハイボールな彼は、スイートルームの住人に違いない。まるでハイボール界のローランド。

おや？　なんだかくら寿司が、一瞬にして浦島太郎が軟禁された高級料亭・竜宮城に見えてきたぞ？

亀に乗ってきた記憶はないが、あまたなる魚たちに囲まれながら美しいリッチハイボールにもてなされ、ほろ酔いで楽しいひとときを過ごせそうだ。

そこに空気を読まずに登場した納豆軍艦の力によって、すぐさま現実に引き戻された。でも、納豆は安定してうまいので幸せ気分は継続だ。

そういえば、納豆には苦い思い出もある。いまだに高校の昼休みのことを引きずっている。

教室でコンビニの細巻き納豆を堪能していたら、「納豆とかまじで引くわ」とわざわざ言いにきたあの子のことは決して忘れない。

自分に対して文句を言われても大体は飲み込んできたが、自分の愛するものをディスられたらタダじゃおかないんだから。

そんな過去の苦い思い出を流すがごとく、真っ赤なマグロがレーンを流れてきた。

泳ぎ続けなければ生きられないマグロが、今こうして泳ぐことを諦め、私に身を委ねている。この赤身が人生を全うできるかは、私にかかっているのだ。海の生命体すべてに敬意を込めていただこう。

……うん、やっぱりマグロは安定して、

おいしーーーっ!!


その後に、喉を流れるリッチハイボールは、マグロに最後の花を持たせたかのようにポッと花を咲かせてくれた。

勢いに任せて、味玉軍艦なんかも頼んでみた。味玉の下にはマヨネーズという名の秘宝が隠されている。マヨネーズはいつだって優勝だ。

味玉を食べていると、ラーメンの面影が浮かんでくる。くら寿司のラーメンシリーズは結構クオリティが高いので3回に1回は頼んでしまうが、今日は魚の気分なんだい。

お遊戯会のごとく、私の周りを踊りながら回っていく魚たちは本当に愛しい。永遠に魚がレーンを回り続けているせいで、終了のタイミングが掴めず、無限にハイボールと寿司をループし続けてしまう。

しかし、この竜宮城は23時を過ぎると追い出され、会計札なる玉手箱を渡される。開けざるを得ない玉手箱だ。

それを開けたが最後、私たちの生きる世界は幸せなど永遠に続く場所ではないことに気付かされる。人間とは、苦しみや悲しみを背負わないといけない生き物なのだと。

１００円だからといって羽目を外しすぎると、財布に大きな苦しみを背負うことになるので、くれぐれも注意してほしい。

朝からはしご酒 in 大阪西成

朝が苦手だ。でも、好きでもある。

朝の喫茶店で頼むカフェラテとサラダとゆで卵、そしてバターをたっぷり乗せたトーストを頬張るために早起きを頑張ったこともあった。

しかし継続することはなく、結局、睡魔に負けた。

低血圧なのか、寝起きがこの世の終わりくらいに辛い。頭は重いし、ネガティブなことが脳内を京王ライナーくらいの速度で駆け巡るのだ。大好きな夢の国に行く日ですら、起きるのが辛すぎて時間を遅らせようかと悩むほどだ。

しかし、大阪のモーニングだけは別だ。大阪・新世界には究極のモーニングセットが存在する。ジョッキ生ビールもしくはチューハイに、ゆで卵と塩昆布の朝食付きでなんと350円。某フラペチーノ一杯よりも安いので驚愕《きょうがく》だ。

いつもはずっしりと動きたがらない寝起きの体が「そこに行ってみたい！」と疼《うず》いている。肝臓が酒の存在を認識し、目覚めを感じて私を突き動かすのだ。

肝臓に促されるまま起き上がり、格安ビジネスホテルを後にして新世界商店街の突き当たりにある「福政《ふくまさ》」という店に向かった。

塩昆布のしょっぱさは、ビールをよりおいしく感じさせてくれた。なるほど、ここではパンやお米ではなく、ビールの炭酸でお腹を満たすのか。

朝の覚醒酒の文化が大阪にはある。私と感性が近いのかもしれない。ここに住んだら早起きできるかも。希望の光が差し込んだ。

まだまだ私の朝は終わらせない。続けて西成方面に足を進めていく。

学生時代にお金がないときは、西成の一泊500円のホテルによく滞在したものだ。夜はドン・キホーテで安酒を大量に買い、スーパー玉出《たまで》で破格のおつまみを買って過ごしていた。

更地に大量に打ち上げられたワンカップ焼酎の残骸を横目に、ホルモンで有名な

「マルフク」へ向かった。

店に着くと、外まで人が溢れるほどの人気っぷりだ。それもそのはず、ここは何より安い。たったの140円でホルモンを存分に食べられるのだ。

さらにモーニングであれば、ワンドリンクにつき、おつまみが一品ついてくるという無限おつまみ制度があって胸が高まった。

これぞHORUMON∞（インフィニティ）だ。ホルモンだけに、マキシマムザホルモンの曲のように激しいモーニングタイムに違いない。

しかし、店に着く頃にはモーニングタイムは終了していた。

今日は無限ホルモンはお預けか……。

落ち込んでも仕方がない。うまいものを食って酒を飲んで忘れよう。

ビールの大瓶400円をグラスになみなみ注ぎ、ゴクリンゴクリンと喉を鳴らす。前の日に歩き疲れて筋肉痛になった足の痛みが瞬く間に緩和されていくのを感じた。

つまみは、ホルモンと豚足煮込み、それにレバーがいいかな。

注文するとすぐに、熱々の鉄板の上でホルモンをジュウッと焼いて、四角いプラスチックの容器に入れて渡された。それにテーブルの上の七味やニンニクなどを自分好みにトッピングするシステムのようだ。

ホルモンにはニンニクをたっぷり絡めていただこう。おろしニンニクなので、一層、ニンニク感がブワッと襲いかかる。

うわあ、おいしーーーっ!!

食べた瞬間、つい魂の叫びが声に出てしまった。というか、140円でこの量と味は強すぎるだろ。

豚足煮込みは骨が多いものの、身の部分はしっかりと豚みがあっておいしい。豚が大地を踏みしめ、生きた証をきざんだ足なのかと思うと感慨深い。

そして、大変なことに気付いてしまった。豚足にニンニクを追加すればするほど、ラーメン二郎の味に近づいていくのだ。コラーゲンもたっぷりで美容にもいい豚足。なんならビールとも相性抜群。今日ここで、豚足最強説を提唱したい。

それにしても、朝からこんなにニンニク臭くなるとは思ってもいなかった。

でも、これが幸福の香りなのかもしれない。

ホルモン×ニンニク×ビール
=最強!

次は「なべや」を目指す。商店街からは外れた住宅地っぽいところにポツンと佇む店で、すき焼きを中心とした一人鍋で有名なお店だ。

YouTubeなどで予習していたので、何を頼むかは事前に決めてある。お目当ては「牛肉すき焼」だ。

鍋のサイズは一人用のミニサイズでとても可愛らしい。ちょい飲みに適した量を選べるのは喜ばしい限りである。グツグツと肉や豆腐、野菜が煮込まれる音を聞くだけでビールを何杯も飲める。

鍋ができるまでの間、頼んでおいた冷やしトマトにたっぷりのマヨをつけ、ビールをいただく。トマトのひんやりとした冷たさと対極にいる鍋。なんだか遠距離恋愛をしている気分だ。

少しずつ肉は赤さを失い、食べ頃の姿へと変貌を遂げていく。大人になるってこういうことなのかもしれないね。

すき焼きということで卵も注文し、卵黄派な私は、きれいに黄身だけをすくい取って茶碗の中で溶いていく。濃厚に肉と接触させたいという強い意志の表れだ。

そして一口。まろやかな黄身と、タレで煮込まれたお肉が今、ひとつになり、舌を通過していく。

おお、おいしゅうございます。

すべてに重量感があり、まさに花魁《おいらん》道中。肉が何層にも美しさを羽織り、今、私の喉を、胃を通過していく。

タレは「甘さ＞しょっぱさ」で、甘さを強く感じる最高の味付けだ。馬刺し醤油もそうだが、甘いタレが大好きな私の味覚にはドンピシャだった。

白菜や豆腐、具材すべてがこのすき焼きのタレの独裁によって統一されている。「あなた色に染まりたい」という声が聞こえてきそうだ。

噛みしめるたびにジュワッと溢れ出すタレは、食材たちを洗脳している。どっぷりと恍惚《こうこつ》にタレの沼にハマってしまった食材たちが舌の上で溶けていった。

この牛肉すき焼、なんと650円だ。鶏と豚なら600円という安さ。鍋の価格崩壊を引き起こすレベルではないか。

あまりに驚いて、おかわりを頼もうか、それとも夜も舞い戻ろうかと悩んだくらいだ。改めて、西成グルメは安さとうまさのオンパレードだと再認識させられる旅となった。

幸福な気持ちのまま、スーパーマーケット玉出で1円の特売おつまみを購入し、スパワールドに向かう途中にカップ酒を煽り、風呂上がりはうたた寝で心地いい夢を見るのであった。

富士そばは心のオアシスだ

社会人という肩書きを得てからは、理想と現実のギャップに苦しんだ。

私、本当は何がしたかったんだろう？

何のために働いているんだろう？

23時過ぎ、帰りたいという気持ちをグッと抑えて口角を上げ、偽りの笑顔で心を殺し続けた一日の帰り道。グーグルカレンダーを眺めても休日はまだ遠く、あったとしても連休など存在しない悲しいスケジュールを見て、また泣きたくなった。

社会人って大変なんだな。

でも、簡単に「辞めます」なんて言える勇気はない。逃げ出したくても逃げることができないことは、よくわかっている。

辞めたいけど辞められない。

そんな、どうしても現状を打破できないときもあるはずだ。

友人に「辞めちゃいなよ」と言われたことがあるが、そんなふうに自販機でジュースを買うような感覚で「辞めるボタン」をピッと押すことは私にはできなかった。


重い足取りで自宅に向かう夜遅く、自分を労《いた》わり、近所の富士そばに立ち寄るのが、当時のルーティーンだった。帰りが遅かったから、夜遅い時間も営業している富士そばの存在はありがたかった。

ガラリとドアを開けると、同じく仕事帰りであろうサラリーマンや作業服を着たおっちゃんがビールと一緒にそばやうどんを一足先にすすっている。

ビールとコロッケそば、あとは贅沢してカレーも注文しよう。

従業員のおばちゃんは、いつも優しい気遣いの一言をかけてくれるので、つい泣きそうになってしまう。

そんなことを思っていたら、すぐにビールが出てきた。何も考えず、思考停止状態でゴクリンゴクリンと一気に喉を潤していく。

う、うまいなあ……。

このビールがとてつもなくうまいんだ。

父が仕事帰りに、グピグピとおいしそうに、幸せを噛みしめるように飲んでいたビールの味に近づけたのだろうか。

この瞬間を楽しみに、一日を頑張れたようなところもある。

自分に寄り添ってくれるこの一杯のおかげで、沈んでいた気持ちが少しだけ軽くなる。酒だけは、私を裏切ることはない。

そこに登場した温もりにあふれたコロッケそばが、私の心を一層温めてくれる。ホカホカと湯気を立てるコロッケそば。サクサクの衣のコロッケがとてもおいしそうだ。

最初はサクサクの部分を食べる。中には、ニンジンやトウモロコシやグリンピースが入っている。素朴なコロッケだが、それでいい。

グリンピースはいまだに嫌いな食べ物ランキングベスト3に入るが、富士そばのコロッケに入っているグリンピースだけは食べられた。子どもの頃の給食で強要されて丸飲みし、その経験から錠剤が飲めるようになったほど苦手なのに。

少しコロッケをかじった後は、そばのつゆに沈める。こうすると味が染みて、また別次元のコロッケに出会えた気になる。

あっさりとしたつゆは、疲弊した身体を優しくなだめながら全身を駆け巡っていく。味が濃すぎたり、がっつりしすぎていると、食べるのに結構体力が必要だったりするが、コロッケそばは違う。温泉に浸かったときのように心身共々安らぎを与えてくれるのだ。

サクっ、ずるずる、パクっと食べ進め、途中でゴクリンゴクリンとビールを挟む。

お、おいしい……！（泣）

これは最高の「限界飯」だ。私は、心が枯れそうなときに救ってくれたご飯のことをそう呼んでいる。

当時は、スーパーで少し奮発して高いステーキ肉を買ってみたりしたのだが、こんなことを繰り返して、空っぽの口座に圧迫されるのが怖かったので、最終的には富士そばに落ち着いた。普通のおそばにコロッケが乗っている。それだけで幸福を

疲れた心に染みる…

たくさん味わえるのだから最高すぎる。

途中、ふと隣の男性に目を向けると、薬指からキラリと光る指輪、携帯の待ち受け画面にはグローブをはめてキャッチボールをしている無邪気に笑う子どもの姿が見えた。

こんな遅い時間まで働いている男性も、もしかしたら誰かの父親なのかもしれない。疲れても毎日、朝早く起きて満員電車にぎゅうぎゅうにされながらも職場に通い、家族の生活を支えている。

そんな彼らの疲れた心に寄り添うのが、この時間帯の富士そばなのだろう。この瞬間があるからこそ、「よし、明日も頑張ろうか」と思えるのかもしれない。

そんなことを考えていたら、出張民でなかなか顔をあわせる機会の少ない父（酒村かっぱ）から、突然ラインのメッセージが届いた。

うーん、なんだかよくわからないメッセージだったけど、今日も元気そうで何よりだ。

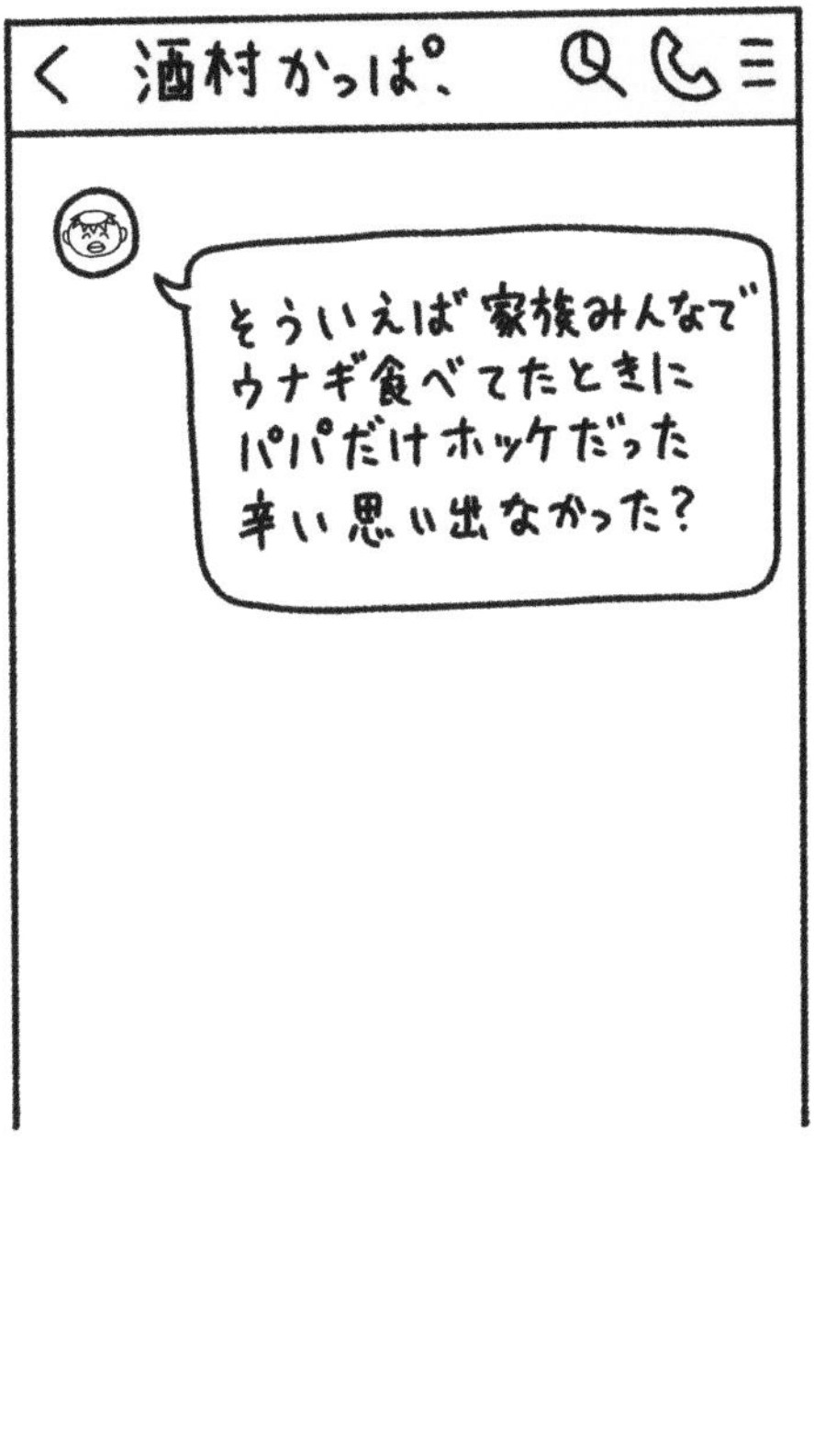
酒村かっぱ。
そういえば家族みんなでウナギ食べてたときにパパだけホッケだった辛い思い出なかった?

いきなり！ステーキ・レボリューション

朝、ベッドから飛び起き、寝巻きで家を飛び出た。

髪もボサボサ、もちろん化粧などせず、顔はすべてマスクで覆い隠している。

左右違う靴下を履いていても、止まることはできない。

あと数分で、ツタヤの延滞料金が発生してしまうからだ。

月に1度はこの惨劇を繰り返している気がする。たいていは前日の夜に「明日が返却日か～、今から返しに行くのもだるいし明日の朝行こう」と明日の自分にすべてを託し、散々夜更かしして眠りにつく。明日の私への気遣いはゼロだ。

しかも、毎回5本で1000円だからと一気に借りてしまうのだが、5本すべて見終えた試しがない。どうして、いつもこうなるとわかっているのに学習できないのだろう。

そうやって自分を憎みながらダッシュでポストへ向かうのだ。これだけはどうしても直せない私の悪い癖なのかもしれない。

でも、一度返却に成功すればこっちのものだ。開放感とともにまた新しいＤＶＤを手提げ袋に入れてぶら下げながら、街中をスキップして歩く。

映画『モテキ』の主人公ばりに踊り出しそうな勢いだ。彼のように街中を踊り歩いたらPerfumeに会えないかな?なんて考えながら、こんな日はビールが飲みたくなるよねと、上機嫌のまま昼から飲める場所を探す。

でも内気なので、初見のお店や、個人経営のお店に入って午前中からビールを飲む勇気はない。

入りやすいお店はないものかと探していると、気付いたらみんなが知っている「いきなり!ステーキ」に吸い込まれていってしまった。

この日返却したＤＶＤに、ドキュメンタリー映画『ステーキ・レボリューション』があったなと思ったら、急に肉が食べたくなってしまったのだ。これは世界一おいしいステーキを探すという映画である。

「国の文化による食べ方の違いや肉に対する意識を学べて楽しい一本だったな」なんて感想を思い返しながら、メニュー表を眺める。

おやっ、15時まではランチタイムで、お得な値段で酒や肉たちを食べることができるじゃないか。ランチ価格になっているビールは迷わず注文だ。

つまみは、ワイルドステーキとワイルドハンバーグ両方が楽しめるランチセットにしよう。返却チャレンジ成功記念に、今日くらい欲張っても許されるよね？

それにしても、ライス・サラダ・スープ付、ステーキとハンバーグ計３００グラムで１４８５円はだいぶお得なのではないか。

１１００円課金すれば自分のお気に入りワインを持ち込むことも可能なようだ。

返却日前夜にツタヤに出向き、そのままいきなり！ステーキで優雅に余裕をもってワイン片手に夕食もありかもと思ったが、そんな余裕をもったことは絶対にできない。

コスパの鬼なので、これからもランチタイム限定価格の酒や肉で優勝を狙っていこうと思う。

ジューッと鉄板で低いうねり声をあげながらワイルドステーキ&ワイルドハンバーグのコンボが運ばれてきた。肉が鳴いている。歓喜の声が聞こえるぞ。

まずは、ワイルドステーキを塩こしょうで。肉の味を邪魔しないシンプルな味付けで、THE肉感を楽しもう。

ギコギコギコ（肉を切る音）。パクッ、もぐもぐ……。

おおっ……！　にくっ！　これぞ肉である。

ぎゅっと噛みしめるたびに肉汁がジュワッと溢れる。

その肉汁ごとビールで流し込んでいく。

くわぁあああああ

おいしーーー!!

これはたまらない。最高に幸せだ。

ハンバーグも、外側はカリッと焼けていて中は柔らかい。付け合わせのソースもオニオンを感じる具合で、こちらも最高にビールに合うじゃない。

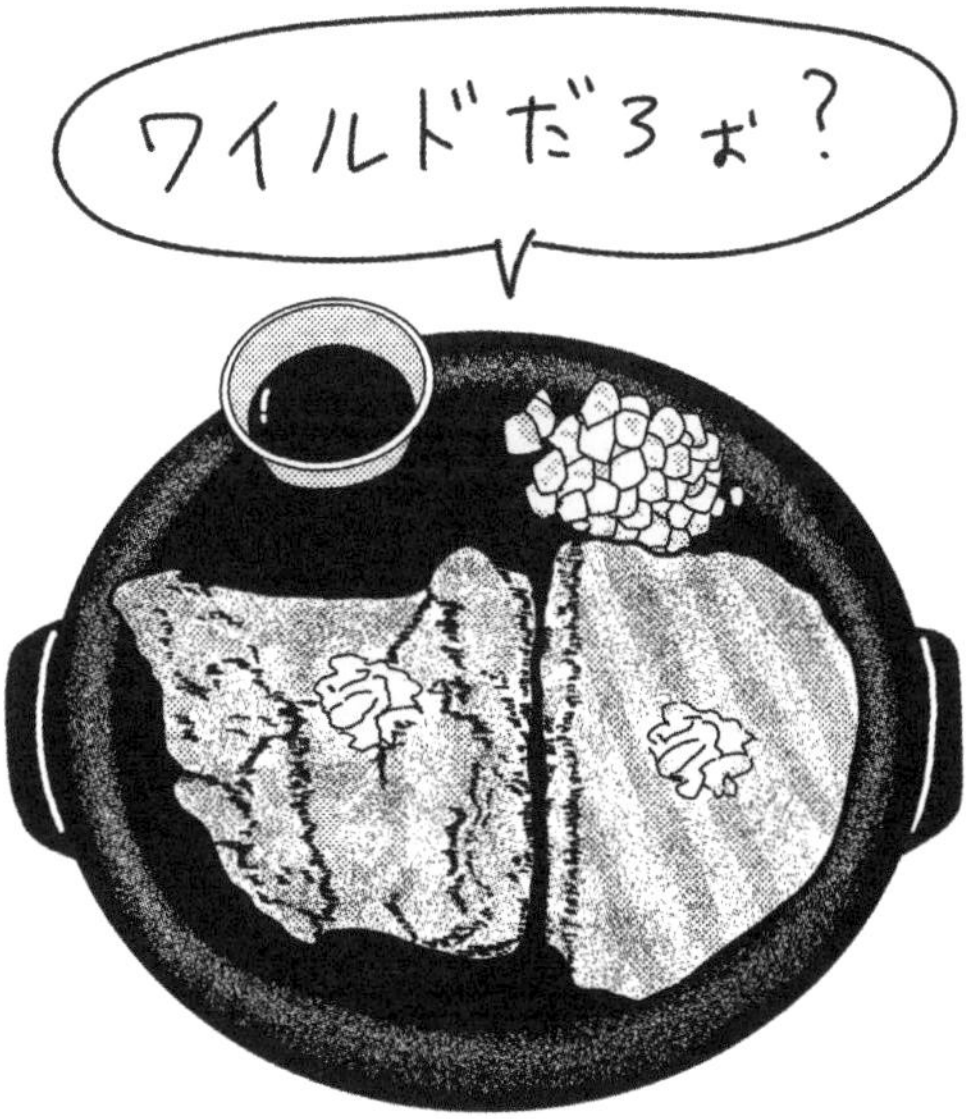

ワイルドステーキ＆
ワイルドハンバーグ

ふと店内を見渡すと「お肉にぴったりのワインをご用意してあります」なんて張り紙を見つけてしまった。

そんなことを言われたら頼むしかないじゃないか。

ワインとビールの相性は最悪極まりないが、量を調整すれば共存も可能だと思っている。自分の肝臓を信じるしかない。

赤ワインをちびっと飲んでステーキを食べてみると、これまた、

美味い！

ワインとともに食べると、心の叫びもおのずと上品になるんだな。

なんだか落ち着きある大人に近づけた気がした。

ランチタイムにガーリックライスを頼むことができないのが残念だなと思いながらビールを数杯飲んでいたら、閃《ひらめ》いた。

卓上にあるガーリックパウダーと塩こしょう、鉄板に添えられたコーンで、自分で作れるのではないか？

鉄板の再加熱はいつでもお願いできるので、再度アツアツに温めてもらう。そこから調理開始だ。

素早くご飯を鉄板の上に乗せ、塩こしょうとガーリックパウダーで味付けして炒める。そこへコーンを混ぜて再度炒めたら、ガーリックライスの完成だ。

味のクオリティ、我ながら最強だ。

ビールにめちゃくちゃ合う。酒がさらに進む。

ふらっと入ったのに、最高の昼飲みになってしまったではないか。

だらしなくてもいいことあるもんだな〜なんて思いながら、店内で買った黒烏龍《ウーロン》茶片手に家路についた。

ニンニクマシマシマシマシ……

初めて食べた二郎系と呼ばれるガッツリラーメンは「野郎ラーメン」だった。カップ麺ですら疎遠だった私が、ラーメンを溺愛する日は唐突に訪れた。あの日、大学の友達と慣れない渋谷でオドオドしながら酒を飲み、流されるがままよくわからない居酒屋に迷い込んだ。そこで提供されたご飯は、もやしのナムルと半冷凍状態の唐揚げだけだった。もちろん腹は満たされることなく、チャージ料だけが高い居酒屋に幻滅し、やっぱり田舎が一番だと落ち込む帰り道、「豚野郎」と激しく主張するラーメン屋にヤケクソになりながら入った。

ここで、一目見て恋に落ちた。豚がたくさん乗った野郎ラーメンに。

野郎ラーメン

それからは野郎ラーメンを食べるためだけに、電車に1時間揺られて渋谷まで足を運ぶようになってしまった。

音楽に酔いしれて汗だくになったフェスの帰り道は、幕張の野郎ラーメンで余韻に浸りながら麺をすすった。

ヲタ活で散財し、今ではどこにあるかわからないフィギュアを入手した帰り道は、秋葉原の野郎ラーメンで麺をすすった。

渋谷と一心同体になるほど飲み明かし、荷物を全部忘れたのも野郎ラーメンだった。割とまだ買ったばかりのAirPodsをなくしたほろ苦い思い出。味も濃いけど思い出も濃いんだよなあ。


野郎ラーメンでは、ビールやハイボールのジョッキが規格外に大きい。

ラーメンとこの規格外酒のコンボは強烈。事前に体調やお腹の調子を万全に整えて臨みたい。

私は「ブタックカード」なる無敵のカードを所持しているので、来店するだけでグラスビールが1杯無料になる。なんとこのカードは、グラスビールだけでなく、野菜増し、麺の大盛り、半ライス、味玉が無料で注文できる。さらには、お好きなハーフ丼と水餃子が２００円で注文できるのだ。そのうえ、ツレも一部の特典を享受できるという大分強いカードなのである。

一度の注文でこの８つの呪文をすべて唱えることができるのは強すぎる。この伝説のカードを手に入れる機会は稀にあるので、希望は捨てないでほしい。


無料で手に入れたビールをちまちま飲みながら待っていると、ついに主役の野郎ラーメンのおでましだ。

この威圧感のある姿を見ると、胃と肝臓が「はやく、はやく！」と疼《うず》き出す。

麺の上に乗っている大量の野菜は「焼き」か「茹で」かを選べるが、焼き野菜にして野菜炒め感覚で栄養を補充するのが私流だ。これで罪悪感が少し薄れるし、ビールのおつまみにもなるので一石二鳥だ。

さっそくいただきます。


ズルぷズルぷ。

（麺をすする音）

ニンニクマシマシマシマシ……

やっぱ、おいしーーーーっ!!

麺は相変わらずパスタのような歯ごたえで、もっちりしている。圧倒的にうまい。ニンニクの花咲か爺さんとなり、ニンニクの夜桜も咲かせよう。エイヤー!と夜桜ならぬ、禁断のニンニクを丼の中に降らせていく。ニンニク洪水注意報が出る直前でストップだ。

こいつの匂いだけは人生に欠かせない。スープからひょっこりと顔を出すニンニクたちが可愛くて愛おしい。

もはやニンニクを食べていると言っても過言ではない量。上に乗った焼き豚が沈没しかけたタイタニック号、いや豚ニック号に見える。あたり一面に散らばったニンニクは氷山のようだ。

ひとしきりニンニクを堪能したら、そろそろ禁断の扉を開ける時間だ。

ひとかけらのバターをスープの中に溶かす。

溶かしたら最後、もう後戻りはできない。

たちまち世界が一変。ここからパーティーが始まる予感、ラーメン界のパリス・ヒルトン降臨だ。もはやカロリーの中で踊り狂うしかない。ジュリアナ東京で扇子を振り回す勢いだ。

「踊れ！　踊り狂え！」と麺とスープが煽ってくる。

そこに無料トッピングのカレー粉を入れてスープをすすると、一瞬でジュリアナ東京からインドに飛べる。ター ジ・マハルみを感じながら、インド映画よろしく、再びカレーの中でステップを踏む。

楽しい、おいしい……！　最高すぎるぞ！

こうして、野郎ラーメンの七変化を楽しんでいると、あっという間にどんぶりは枯れている。

ふぅ、ごちそうさまでした。

最後にビールで口をすすぎ、大満足で箸を置いた。

ラーメン一杯でこんなに幸せになれることある？

そんなことを思いながら家に帰ると、愛猫しゃっけにニンニクの匂いで避けられて、ニンニク入れすぎたことだけ少し反省した。

ニンニクマシマシマシマシ……

帰省ぼっちの楽しみ方

帰省って暇だ。

ＳＮＳで友人の動きを監視していると、「帰省＝家族に会う」ではなく、地元の友達と集まって朝まで馬鹿騒ぎすることがメインのようにも思える。

私はといえば、「お年玉もらえないかな〜」なんて淡い期待を胸に正月に帰省することはあるが、帰っても本当にやることがない。

愛犬をモフモフして、あとはコタツで記憶に残らないようなテレビ番組を見て過ごすだけ。遊ぶ友達も、集まる元クラスメイトもいないから、本当にやることがなく、退屈で仕方がないのだ。

車もないから、頑張って歩いていける場所といえば、ほっともっとやコンビニ、あとは公園くらい。

だから帰省の際は、必ずといっていいほど公園で昼からゆったりとお茶会を開いている。大人のひとりティーパーティーだ。

家の近くのセブンイレブンに行き、焼酎お茶割りを買う。ティーパーティーのお供に、チョリソーやだし巻き卵、肌寒いときには、おでんや肉まんなんかも買う。

コンビニの袋いっぱいに夢を詰めて、いざ公園へと足を運ぶのだ。

工事でなくなってしまったが、少し薄汚れた青いベンチが私のお気に入りの場所であり特等席だった。

サスケの「青いベンチ」のように「君は来るだろうか 明日のクラス会に〜♪」と誰からも想いを馳せられることなく、私はこの薄汚れたベンチに息を潜めるかのように腰掛ける。私も「この声が枯れるくらいに 君に好きと言えばよかった」と思える恋がしたかったが、地元での思い出が本当に皆無なのだ。

晴れた昼から、焼酎の緑茶割りをボロボロの学生時代のジャージを着て飲んでいる自分を決して客観視したくはないが、この瞬間が幸せなのだ。帰省してやることがない私なりの楽しみ方がここにある。

でも幸せ

まずは冷めないうちに、熱々にレンチンしたチョリソーをお箸でつまんでチマチマ食べる。

カリッと皮の弾ける音、そして辛さが凝縮されたお肉の部分。昔、学生時代にお弁当箱に入っていたあのパリパリのあらびきソーセージを思い出す。

あらびきソーセージが入っていた日には、「およよ、時間がなかったのかなあ？」と大口を叩いていたが、今となれば朝早くに弁当を作ること自体、リスペクトだ。

だし巻き卵は冷えていてもおいしい。本当は大根おろしの上に醤油をたらっとかけて食べたいが、ここは公園なので我慢。

その分、だし巻き卵本来のほんのりとした甘さや出汁のいい香りが口の中でふわっと弾けていく。素材そのものの味を楽しもうというマインドになれるのも公園の特権なのかもしれない。

素朴な味わいに、これまた素朴なお茶割りを喉に流し込む。

ゴクリンゴクリン。

すっきり、おいしーーー!!

素朴でスッキリしたお茶割りは、公園こそが主戦場なのかもしれない。

ちなみに、ビールやストゼロなどは公園ではご法度だ。

以前、試したが、「一体私はこんな昼から、子どもが遊んでいる公園で何をしているんだろう。自分はちっぽけだ」とネガティブスイッチが発動しがちである。

それがお茶割りにした途端、のほほんと平和を感じる昼下がりとなり、時の流れを体感できるようになったから、お酒もＴＰＯでピックアップすべきなのだろう。

しかも、緑茶割りのパッケージであれば「お〜いお茶」にも見えなくはないので、周囲も見過ごすレベルだと思っている。

夏や暖かい季節には水筒にたっぷりの氷を入れ、そこにお酒を注ごう。すると、いつでもひんやり冷たい状態で楽しむことができる。

さらに水筒のカップに注げば、完全にピクニックにしか見えないので、周囲の目も気にならないから一石二鳥だ。

こうして缶も空っぽになり、日が暮れてきたら肉まんをかじりながらおうちに帰る。

時計を見ると、だいたいまだ17時くらいだ。本来はこの時間から旧友との宴に出向くのだろうが、何も予定がない私は、テレビを眺めるだけである。

でも、たまにはこうやって何にもとらわれることなく、ぼーっと時間が過ぎるのを待つ日があってもいいのかもしれない。

少なからず、肝臓たちはそれを望んでいる気がする。

私VS焼肉

日頃から食べ放題というイベントを恐れて生きている。元を取れるかばかりを気にして、味に集中できないからだ。

でもよく考えてみたら、そもそもその考えが正しくないのかもしれない。食べ放題は元を取る場所ではなく、いろんな種類から食べたいものを見つけ出すワクワク感、そしてお金を気にせずになんでも注文できるのが醍醐味なのだ。

そう考え直し、これまで避け続けてきた食べ放題の壁を崩壊すべく、焼肉食べ放題で有名な「焼肉きんぐ」を予約した。

焼肉きんぐは家族向けなのか、駅からは離れたところにある。車の免許がない私は数十分歩いた。これだけでも十分カロリーを消費しているので、あとはどれだけ飲み食いしても許されるはずだ。

席に通されると、すぐに食べ放題コースについて説明された。

58品コース、きんぐコース、プレミアムコースの3つが用意されているようだ。

人間の心理的に真ん中を選ぶように設計されていると誰かが言っていたのを思い出し、「えいやー！」ときんぐコース2980円に飲み放題を付けることにした。

きんぐコースでは、「4大名物」といわれるお肉を選択する権利を獲得できるようだ。

しかし、よくよくメニューを見ると、私が一番愛する肉の部位、牛タンこと牛のベロがないことに気付いた。

え？　豚タン？

プレミアムコースにしないと牛タンに会わせてもらえないのか……。

今日は、牛とのディープキスはお預けだ。代わりに用意されている豚タンとの濃厚な時間を過ごそうか。

まずは飲み放題を、ビール中瓶でスタートダッシュを決める。グラスになみなみと金色を注ぎ込んで、泡がはじける前に一気に飲み干していく。『頭文字《イニシャル》D』並みの速度でビールを枯らして宣戦布告だ。

それでは、さっそく豚の舌と戯《たわむ》れよう。

ん？　おいしいぞ……。意外に豚も悪くないな。

これまでは牛とのディープキスばかりに夢中になっていたが、盲信すれば、次第に牛であるかのようにすら思えてくる。

馬鹿舌でよかった。結論、どんな舌もうまいって話☆

4大名物も全種類制覇するしかない。これは覚悟を決めて一度に注文だ。

まず姿を見せたのは「ガリバタ上カルビ」だ。

肉とは別に、ニンニクの絡んだタレにバターが添えられている。ガーリックバター、略してガリバタか。

こんなの悪魔でしかない。でも、なぜか愛してしまうんだろうな。

ずっしりとした厚みのある上カルビを焼き、網の上で煮立ったニンニクダレとバターを絡めて食べる。

おおおお、おいしーーーっ!!

食べた瞬間、何か大切なものを失うと同時に、この上ない幸福がのしかかってきた。『リトル・マーメイド』でアリエルが、自分の声を差し出す代わりに、夢にまで描いた人間の足を手に入れるあの瞬間に近い。私も、脂肪を蓄える代わりにバターという幸福を手にしたようなものだ。

そんな幸せに浸る間もなく、続々と運ばれてくる4大名物たち。テーブルの上をぐるりと見渡し、思わず唾をごくりと飲み込んだ。

他の肉とは違って、それぞれ個性がある。何よりも豪華すぎだ。この場で焼き肉界のF4（『花より男子』参照）が結成できそうだ。

「壺漬け一本ハラミ」は、蛇のように長く轟《とどろ》いている。30センチほどある長さを見て思わず震えた。

学校に真っ黒なベンツで登校してきたかのような存在感。そこに差し障りのない程度にピーマンとトウモロコシが添えられている。

網は一瞬にして一本ハラミに独占される。ひたすらに長さはあるが、味はいつも

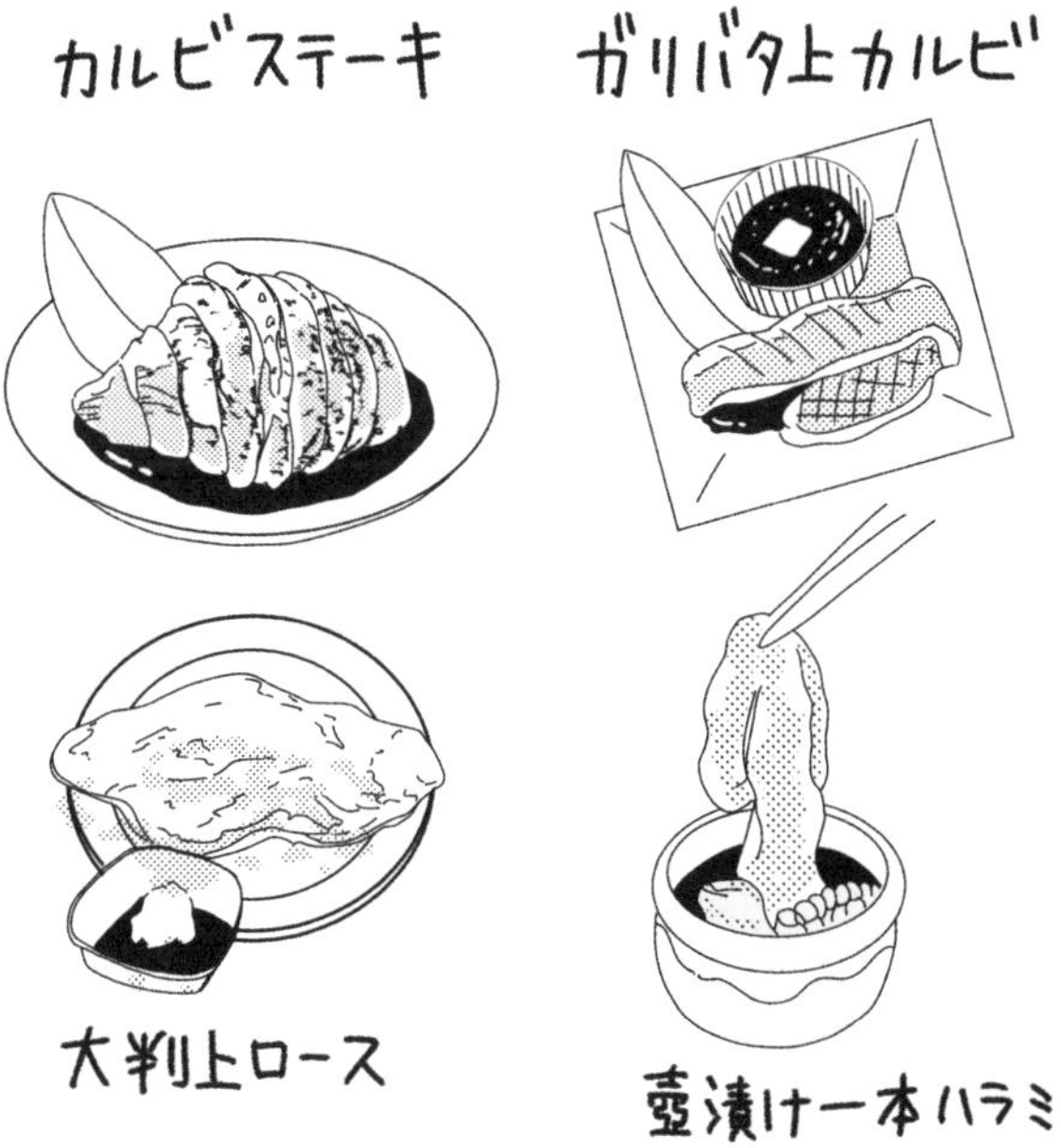
カルビステーキ
ガリバタ上カルビ
大判上ロース
壺漬け一本ハラミ

4大名物!

食べているハラミそのもので、そこへピリ辛さが加わり、胃の消化活動を促進させてくる。

野菜たちが網の上から私を見て「肉に飲まれてはいけない」と悲鳴をあげながら叫んでいるように思えてきた。肉を食べることに必死になりすぎて、あやうく野菜を焦がしてしまうところだった。

「鬼ポンで食べる大判上ロース」は、他の肉たちより薄切りで、ほんの少し焼くだけで食べられそうだ。

薄いお肉の上に、たっぷりの大根おろしを乗っけて食べると、

さっぱり、おいしーーーっ!!

たちまち口の中はさっぱり爽快。何度でも肉の重さをリセットしてくれる。F4でいえば花沢類のような優しさで、思わず惚れかける。

「カルビステーキ」は、F4でいえば俺様系な道明寺司だ。濃くて豪快で分厚く、この4大名物の中でもリーダー的ポジションにあたるのだろう。他の肉には追随を許さないボリュームだ。私の胃袋をぶん回してくれる。

振り回されておかしくなりそうだが、その強引さにときめいてしまう女子もいるのかもしれない。

4大名物以外では、「すき焼ドルチェポルコ」という、すき焼きまでは理解できるが、その後のカタカナは何ですか？ というメニューが、ドンピシャな味付けだった。

すき焼きの甘いタレをたくさん吸収して、ふにょふにょになった肉を卵黄に絡めた瞬間、「もう離れないよ」と束縛してくる。

これは地雷系男子だ。ドルチェポルコからはもう逃れられない。共依存に堕《お》ちていくのは目に見えている。

こうして肉と酒のラリーを繰り返していたら、さすがに胃が「肉はもう食べられません……」と弱音を吐いてきた。

ここからは肉と同時に、サンチュやキムチを一緒に食べて、そのまま一気にアルコールで胃の中をお片づけしていこう。

すでに満腹の果てでメンタルは弱っているが、キムチたちが味方してくれればまだ戦える。

あれっ？　私、結局元を取ろうとしてない？

気付いたら、脳内のコスパをつかさどる部位が、私を突き動かしている。

でも………もう……食べられません………。

ついに限界を迎え、冷麺にて胃に終わりの合図をつげた。

冷麺に酢をたっぷりかけ、これまでの過酷な肉や酒との戦いの傷を癒す。こいつだけは別腹である。

カンカンカンと脳内でゴングが鳴り、ついに戦いは終わった。激しい戦いだった……。

駅まで徒歩数十分の帰り道は足取りが重く、私の胃の中がバグって泣き叫んでいた。しばらくは食べ放題とは距離を置こう……と弱い意思で誓った。

食べ過ぎ、飲み過ぎはほどほどに。

最強の居酒屋、その名もガスト

平日の昼、何もやる気が起きない。寝巻きのままソファで横になり、スマホから流れるニュースを流し見しているだけの自分。

何もしていないのに凄まじい速さで時が過ぎていく。このままだと絶対後悔することが目に見えている。

こういう日にスマホだけ見ていると、なんだか自分に対してのやるせなさが加速し、ろくなことがない。

スマホと対峙して1時間以上経過したとき、「このままじゃだめだっ」と自分を奮い立たせて、サッと着替えて家を出た。有意義な時間を過ごしたいなら、とりあえず外に出ることを鉄則にしている。

「そうだ、ガストに行こう」

平日昼下がりのガストは、平和を感じさせてくれる。クロスワードを真剣に解いているおじいさんやパソコン作業に勤《いそ》しむサラリーマン、大学の課題でもやっているのだろうか教科書と睨めっこしている学生カップル。両隣の席が空いているくらい人は少ないので、落ち着きを感じる。

席に案内され、そのまま「ハイボールを一つお願いします」とバイトらしきお姉さんに伝えた。

そう、知られていないかもしれないが、ガストは立派な居酒屋なのだ。

しかも平日は、10時半から18時までがハッピーアワーだ。何杯飲んでも1杯220円というミラクル★タイム、見逃すわけがない。

ハイボールが届くまでが勝負だ。

メニューを開いて、すばやくサイドメニューを確認し、今日イチで頭をフル回転させていると、早くもハイボールが到着してしまった。

焦って、目に入った「揚げたてアジフライ&コロッケ」、そして定番の「ほうれん草ベーコン」、「海老とアボカドのタルタル仕立て」（当時は存在した）を注文した。アジフライとコロッケ、いい組み合わせだなぁと掲げたハイボール。ウイスキーの香りがふわっと炭酸の中から香る。

昼からちょい飲みできる幸せに胸が高鳴る。サンバを踊りたくなる、そんな心境だ（踊ったことはない）。

それでは、さっそく一口。

ゴクリンゴクリン……。

おいしーーーっ!!

平日の昼間から酒を飲むという背徳感が、いっそう酒をおいしくしてくれる。

ちなみに昼間は、サイドメニューにとらわれず、ランチメニューも一応見ておくといい。海老フライやスープ、ハンバーグなどの盛り合わせもある。

ガストのランチタイムは私のような人間に合わせてくれているのか17時まで頼めるので、うっかり寝坊した日にもまだ希望はある。

間もなく、目の前につまみたちがやって来た。

おお、豪華キャスト。

まずは「ほうれん草ベーコン」という名の緑の森に迷い込もう。

ほうれん草の上にあるバターを全体に広げてベーコンと一緒に箸でつまむ。ベーコンのしょっぱさとバターのまろやかさ……、
う、うまぁぁぁ……。

こりゃあ、酒のアテにはもってこいだ。

サイゼでも「ほうれん草バター」をいつも頼むけど、ファミレスのほうれん草シリーズは最強かもしれない。

そうと聞けば、森のバターと呼ばれるアボカドが黙っているわけがない。「海老とアボカドのタルタル仕立て」は、半分にカットされたアボカドの上に海老とタルタルが君臨している。

高級フレンチの前菜のような姿に、「ここはガストだったよな?」と辺りを見渡す。まだしっかりとクロスワードに取り組むおじいさんがいたので安心した。

アボカドの濃厚さと海老のプリッと感、加えてタルタルの濃い味のミックスに、

完全に居酒屋

気付いたらハイボールが空いてしまっていたから、すかさず追加で2杯頼んだ。

ここまでの酒の進み具合、そして目の前で湯気を立てる揚げ物たちを見ていたら、早めに予備酒を用意しておかないといけないと脳が判断を下したのだ。

新しいハイボールを迎えたところで、アジフライに醤油をぐるりとかけ、コロッケにはソースをかける。

まずはアジフライ、一口サイズに切って口に運ぶ。

サクッ。

おいしーーーっ!!

アジの白身と衣、日本を代表する醤油がベストマッチ。こんなの酒が進まないわけがない。

コロッケも、じゃがいものホクホクさが伝わってきて最高だ。

酒をどんどん進めてくる揚げ物の最強コンビ、いや最恐コンビだな。

でも、大丈夫。ハイボールなら揚げ物の罪や嫌な出来事を、全部洗いざらい流してくれる。

おいしーーっ!!

この後も、いかフライやハムカツなど揚げ物を何皿頼んだかわからない。ハイボールがカロリーへの罪を許してくれるので、キリがないのだ。

しかも、さっぱりしていて味を主張しないハイボールだからこそ、揚げ物やこってりしたおつまみをリセットしてくれる。

これぞ〝ハイボールの舞〟である。


ガストの昼飲み、大正解だったなあ。

ファミレスに行くだけで、こんなに充実した一日が送れるなんて思いもしなかった。実は気付いていないだけで、人生には幸せがいっぱい転がっているのかもしれない。

有意義な一日だったなあと時計を見たら、まだ夕方だった。

これからが宴の始まりじゃないか。

さて、二次会はどこにしよう？

平日14〜18時、チャイナタウンの王子様に会いに行く

中華が食べたい……！

そう思って駆け込むのが、桃宮バーミヤン城、そう、バーミヤンだ。

なぜ、バーミヤン城に迷い込むかというと、期間限定の恋をするためだ。

イー・アール・サン・スーと数えるまでもなく、秒速で恋に落ちた相手は烏龍《ウーロン》ハイだった。桃源郷で出会ってしまったチャイナタウンの王子様である。

揚げ物やこってりした食べ物が多いチャイナタウンに、水のようにさっぱりと、透明な味わいでたたずむ烏龍ハイ。

クーロン城に迷い込んでしまったやや二日酔いの私に、すっと救いの手を差し伸べてくれた彼に、即座に惚れてしまったのだ。

バーミヤンでは、平日14時から18時限定で烏龍ハイやハイボール、生ビールなどが220円で飲めるハッピーアワーを開催している。それが唯一、ネオ無職の私が彼と出会うことを許されるシンデレラタイムなのである。

限られた時間の中でしか、あなたに口づけすることを許されないなんて辛いわ……。シンデレラも舞踏会の最中は、こんな心境だったのだろうか。

短い時間で彼との愛を育むために必要不可欠なのは、餃子、そして油淋鶏《ユーリンチー》だ。バーミヤンの油淋鶏は、ボリュームがあってサクサクで大好きな一品だ。小さくきざまれた玉ねぎの香味ダレという王冠をかぶる、なくてはならないおつまみなのである。

揚げ物の油淋鶏や肉がしっかりと詰まったジューシーな餃子は、私が烏龍ハイに対して積極的になれるよう背中を押してくれる。

コッテリとしたうまい油が口の中を覆い尽くし、食べれば食べるほど目の前の烏龍ハイに手が伸びていくのだ。烏龍ハイとの特別な時間を強力に後押ししてくれる2品に感謝だ。

しかし、これだけで烏龍ハイにしっかりと愛が伝わっているのかはまだ怪しい。少し心配になり、気付けば小籠包《ショーロンポウ》も頼んでしまった。もっちりとした皮と弾けるスープは、絶対に烏龍ハイにもっと触れたくなる味に違いない。小籠包から舞い上がる湯気が私の顔を火照《ほて》らす。烏龍ハイに届け、この想い……！

ハオチーーーーっ（中国語でおいしい）

好きだーーーーっ!!

これはもう大正解。私の烏龍ハイへの想いが爆発した。もう誰にもこの恋は止められない。暴走した『新世紀エヴァンゲリオン』の初号機くらいに誰にも止められない。

次々と、彼と濃厚な口づけをかわし、気付けば空になった烏龍ハイのグラスが目の前に何個も並んでいた。一旦、落ち着こう。

私の精神安定剤でもある「麺」のメニューを一読する。普段は五目焼きそばを食べることが多いのだが、ゆっくりと深呼吸したい気分だったのでたまたま目に入ったワンタン麺を注文してみた。ふわふわと小さなワンタンたちがスープの上に浮かんでいる。白くてふっくらとしたその姿は、まるで天使のようだ。

箸で麺を掴み、猫舌の私はふーっと息を吐いて麺を冷ましながら、すーっと一気に麺を吸い上げる。

よく、湯気が機関車トーマスのように上がっている出来立てのラーメンをすする人たちを見かけるが、一体口の中の構造はどうなっているんだ?といつも思う。滅茶苦茶に火傷《やけど》しているけど、もはや何も思わないのだろうか。私には真似できない。

そんなことはさておき、ふわふわと浮かぶ天使なワンタンに手をつける。ワンタンはそこまで熱くないので、つるんっと口の中に入り込んでいく。

しかし噛み締めた瞬間、じゅわぁっとスープが口内で洪水を起こす。

熱！　熱っ！

めっちゃスープ吸ってるわ。

すぐさま大切に飲んでいた烏龍ハイを枯らしてしまい、追加で2杯頼むことになってしまった。

そうか、このワンタン天使は恋のキューピッドだったのか。私と烏龍ハイを結びつける恋の手助けをしてくれたのかもしれない。ありがとう、ワンタン麺。

最後に、甘いものが食べたいなと胡麻団子も呼び出してしまった。きれいにまん丸な姿で登場する胡麻団子は満月のようだ。かじるたびに、美しい月を欠けさせてしまうようで、罪悪感が募る。

お箸で持つ美しい造形に感動しながら「月がきれいですね」と烏龍ハイに語りかける。烏龍ハイには伝わっていないかもしれないが、これも私なりの愛の伝え方だ。

あっという間に日は暮れ、「時間だよ、シンデレラ」とスマホの画面が私に呼びかけてきた。ああ、もうハッピーアワーは終わってしまったのか。

でも、欲張ってはいけない。時間が限られているからこそ、この恋は一層美しいものに思えるのだ。限りある時間での恋ほど燃えるものはない。『ロミオとジュリエット』もそう教えてくれている。

また会いに来るからね、とそっと口づけをしてその場を去った。ガラスの靴の代わりに、現金を置いて。

月がきれいですね…

「まさしの餃子」しか勝たん

子どもの頃、何のアニメを見ていただろうと、ふと気になった。

お父さんが大の『ドラゴンボール』好きなので、一緒に『ドラゴンボールZ』まで見ていた記憶はある。

その中でもひときわ印象に残り、唯一、涙を流した回がある。

それは、フリーザ編でナッパと戦っているときに、チャオズが「さようなら、天さん」と相方の天津飯に別れを告げ、ナッパの背中にしがみつき自爆を試みる回だ。

チャオズとは中国語で餃子のことを指す。それ以降、餃子を食べるたびにチャオズの死に際を思い出してしまう。日高屋、バーミヤン、王将……餃子に出会うたびにトラウマのようにチャオズが頭をよぎるほどだ。

それでも餃子を頼んでしまうほど餃子が好きな、餃子王国こと宇都宮出身の私が推している餃子がある。

それは、「まさしの餃子」だ。浜松の羽根つき餃子もいいが、やはり、まさしとともに育ってきたのでそこは譲れない。

お母さんが買ってくる餃子は決まってまさしだった。皮はパリッと野菜がたくさんカーニバル。ヘルシーなのでいくらでも食べられる。

付いてくるタレがこれまたうまい。ピリ辛で刺激的な独自のタレにつけて食べると、餃子革命が起こる。ジャンヌ・ダルクも知らない革命だ。


そして最近、唐突にまさしが食べたくなり、宇都宮に帰省した。

開発が進み、昔とは見違えるほど賑やかになった宇都宮駅前に感動しつつ、そのままオリオン通りという商店街のほうに歩くと、わずか数年の間に変わってしまった街の姿に驚いた。

自分の私服があまりにダサいと初めて気付いて買い物をしたパルコは閉店してし

「まさしの餃子」しか勝たん

まい、店の多くもシャッターが降りていて、もの寂しくなっていた。

でも、この街から餃子がなくなることはなさそうな気がする。駅前の餃子屋さんは、平日のお昼過ぎにもかかわらず列をなしていたから。


バスに乗って実家に到着すると、愛犬が尻尾を千切れんばかりにぶん回しながらお出迎えしてくれた。そしてリビングのテーブルの上には、まさしの餃子が2箱重なって置いてあった。

「餃子食べたくて帰ってくるって聞いてたから用意しておいたよ。手洗いしてから食べてね」

おばあちゃんが、まさしとともに私の帰りを待っていてくれたのだ。胸がぎゅっと熱くなった。

まさしの餃子を食べるためにビールをリュックに入れて数本持ってきたので、冷凍庫で急速冷却を試みる。

冷えるまでの数分がとても長く感じて、もどかしい。

そわそわ……そわそわ………よしっ、冷えた！

プシュッと缶の蓋を開け、さっそくビールを飲みながら餃子を満腹を超えるまで食べるという禁断を犯そうではないか。

両親がおいしそうに餃子を食べながらビールを飲む姿を見て、いつかは私にもこんな日が来るんだろうと覚悟していたが、まさか早くも昼から餃子を食って酒を飲む日が到来するとは思わなかった。

まだ焼き立てなのか、餃子は温かく、皮からパリッと音が鳴る。

その音と同時に、中から肉汁がジュワっと溢れ、口の中が幸福で満たされる。


おいしーーーっ!!


ただいま、まさし。やっぱりお前はうまいなあ〜。

野菜がぎっしりと詰まっているので、シャキシャキとした歯ごたえがリズムよく響いてくる。欲張って大きな一口でいただく贅沢も誰も咎《とが》めない。最高だ。

懐かしのまさしを一つ食べるたびに、実家での思い出も蘇ってきた。

放課後、遊ぶ友達がいなかったので、一人で桃鉄の99年を黙々とプレイした記憶。

オンラインゲームで育て上げたキャラのＩＤを乗っ取られて、静かに声を押し殺して布団の中で泣いた記憶。

センター試験で数学ＩＡのマークシートを記入ミスし、カーテンを締め切った真っ暗な部屋で、パソコンの薄明かりに照らされ、夢も希望もない状態で結果を確認したあの日の記憶。

ビールを飲みながら思い出ぽろぽろしていると、それらも全部いい思い出だったなと思えてくる。


そんな思い出に浸っていたら、久しぶりに自分の部屋に行ってみようという気分になった。

私の部屋は2階にあるのだけど、階段があまりに急で、そこから何人が落下したかわからない。

私はその恐ろしさを知っているので、赤ちゃんのようにハイハイしながら階段を登っていく。四つん這いで落ちたことはいまだかつてない。

ビールと餃子がこぼれないように細心の注意を払って部屋まで到着すると、目が点になった。

私の部屋がなくなっていた。

代わりに置いてある、無数のフィギュアたち。ワンピースやドラゴンボール、初音ミクやリゼロなど、秋葉原のフィギュアショップ並みの量が飾られていた。部屋の前に山積みになっているダンボールの中身も全部フィギュアだ。

そう、お父さんの部屋になっていたのだ。

ふと部屋の隅を見ると、私がかつて集めていたグルーミーという血まみれのぐったりとしたクマのぬいぐるみたちがゴミ袋にまとめられていてちょっぴり切なくなった。

状況が飲み込めないが、とりあえずテーブルに置いた餃子を頬張り、ビールをぐいっと飲み干す。

うん……何も変わらないのはまさしだけだな。

フィギュアに見つめられながら、最後の一つを頬張った。

大人の夢の国案内

子どもの頃のディズニーリゾートといえば、父の運転に揺られて、大爆睡しながら訪れる場所だった。

開園時間ぴったりに入場して、小走りで家族全員が散り散りになり、各々がファストパスやら抽選やらの担当分けをこなし、休むことなくアトラクションに並び続けた。

それが成人してからというもの、毎回誰かしらが寝坊し、気付くといつも二日酔いのまま迷い込む場所となり、なんなら酒を求めて向かう場所になっていた。

着いた瞬間、アトラクションやファストパスに向かって走るのではなく、生ビールを入手しに行くというお馴染みのルーティーン。しまいには、フードコートやイッツ・ア・スモールワールド、シンドバッドの冒険は、昼寝をする場所へと変わっていた。夢の国でもゆとりある一日を送れるようになったのは、つまり大人になったということなのだろうか。

今日もまた妹にドタキャンされ、予定が空いていた従妹に連絡し、急きょ二人でディズニーシーに行くことになった。

いつだったか、妹とディズニーシーに行って写真を撮ったら、妹の下半身が透けるという心霊写真もどきが撮れたが、今回は完全に存在ごと消えてしまったようだ。

まあこんな日もあるよねと気持ちを切り替え、いざ入園。

ディズニーシーでは、歩けばすぐに文化圏が変わる。

西部開拓のアメリカからアラブの国、ヨーロッパ圏など、高校の世界史の先生が「ディズニーシーは世界史の勉強になるからおすすめだよ」と話していただけのことはある。

販売されるおつまみにも文化圏ごとに変化があって面白い。ビールだけは基本どこにでもあるので共通文化なのだろうか。アルコールは世界を繋ぐな。

私の場合、たいてい、「ギョウザドッグ」とビールを入手しに行く。

ディズニーシーで一番ビールに合うおつまみがこのギョウザドッグなのだ。

もっちりとしたパン生地の中に、ぎっしりと餃子のあんが詰まっている。

肉まんになりきれなかった餃子と言えばイメージが伝わるだろうか。

海底2万マイルのアトラクションの前に腰掛け、そこに広がる海を眺めながら、ギョウザドッグを食べ、ビールを飲む。


ゴクリン、パク。

ゴクリン、パクパク……。

おいしーーーっ!!


夢の国で朝から飲むビールはこの上なくうまい。最高だ。

ただし、完全に夢の国に心を許していなければ、心地よい酔いを手にすることはできない。

心を許すための入門編として、カチューシャをつけることを推奨する。小物を武装することで気分が高揚し、その舞台の主人公になれたように感じるはずだ。

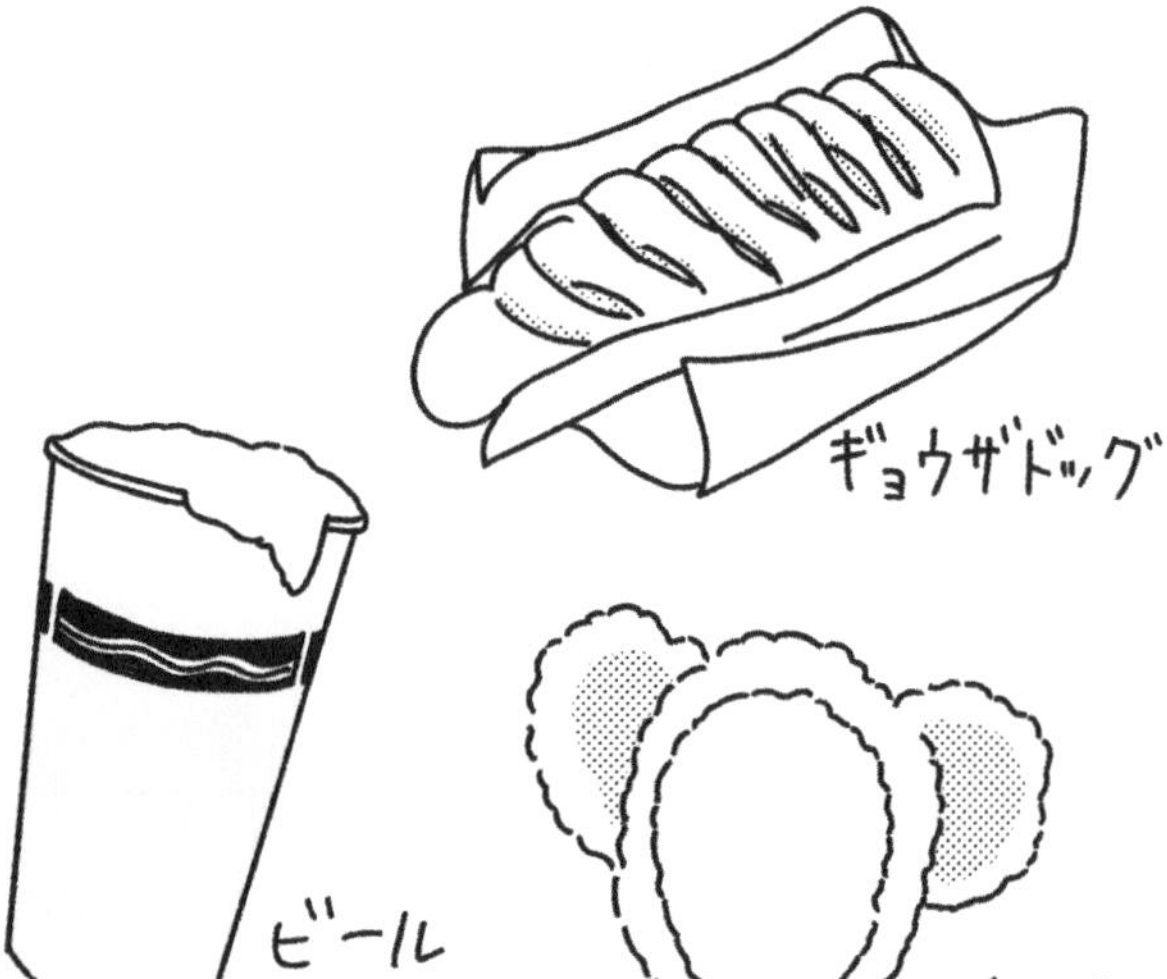

夢の国飲み入門セット

気分が高まったら、奮発してレストラン「マゼランズ」に行くのもオススメだ。記念日などにカップルで訪れるデートスポットのイメージがあるマゼランズでは、なんとワインやシャンパンボトルを開けることができる。

「ホテルミラコスタ」のベランダから、帰りゆく人々を見下ろすくらいの優越感に浸れるので、自己肯定感が爆上がりだ。

あと、「テディ・ルーズヴェルト・ラウンジ」という船上レストランも見逃せない。タイミングが良ければ、ふかふかなソファに腰掛けながらカクテルを堪能できる。カウンターでバーテンダーさんの華麗なる手さばきを鑑賞するのも捨てがたい。

ここには、あまたの酒が集結していて、テキーラからウイスキーまでなんでも揃っている。なかでも、季節限定のカクテルやパフェは来るたびに頼んでしまう〝沼〟的存在だ。

私はここで、いつも果物がふんだんに使われているパフェを頬張りながら、お口直しにオリーヴの盛り合わせをつまみにマティーニやゴッドファーザーなんかを頼んだりする。

ここで生ビールを飲むのはさすがに違うなと思いながらも、ハイネケンやハートランドも揃っているのでつい頼みたくなってしまう。

お値段はややお高めだが、お土産や可愛いポップコンケースなどは買わずに、すべて酒と飯に費やすのがマイスタイルだ。

このレストランの船はタイタニック号をイメージして作られているらしく、私はいつも、恋い焦がれたレオナルド・ディカプリオに思いを馳せながら、まるで目の前で彼と一緒にお酒を飲んでいるかのように自分を洗脳して楽しんでいるのはここだけの秘密だ。


ああ、今日も腹いっぱい食べて、飲んだな。

帰り際、センター・オブ・ジ・アースというアトラクションの火山が定期的に噴火するのを見ながら「ここでお米を炊いたら絶対ホカホカでおいしいんだろうな。ウニとイクラを乗せて生ビールで乾杯したいな」なんて、くだらない妄想をしながら現実世界に戻るのであった。

深夜0時、ハイボールに会いたいの

時計の針が0時を指すと、センチメンタルな気分になることが多い。早く寝ろって話なのだが、眠れぬ夜だってある。これが悪循環の始まりだと重々理解しながらも、起き続けてしまうのだ。

こんな日は、自分の感情をコントロールするためにコンビニエンスストアまでお散歩をする。最寄りのセブンイレブンで愛するハイボールと夜食を迎え入れるために。

私のハイボールへの愛が大きすぎてすぐに空っぽにしてしまい、気付けば別居状態だから、頻繁に旦那を迎えにいかないといけない。買いためておけばいいのではと思うかもしれないが、それだと飲みすぎて私が私でなくなってしまう気がしてしまい、手を出せないのだ。

深夜なのに勝手にセンチメンタルになって「ハイボール、あなたに会いたいの」と思ってしまうわがままな自分にはうんざりするけれど、安定の旦那が隣に来てくれれば心は平穏を取り戻す。

夜中のコンビニに部屋着のまま手を繋いで、「アイスでも買いに行こうか」「ついでにカップ麺でも買っちゃう?」「太るよ〜」「今日くらいはいいじゃんか」と言い合える相手はいずこ?と思ってしまうこともあるが、ハイボールが隣にいれば、そんなことはもうどうでもよくなる。人肌ならぬ酒肌も、暖かくて心地いいものだ。


ちなみに、ハイボールとの出会いは大学生時代だった。

そのときはビールと付き合っていたけれど、1回会うのに4000〜5000円もするから財布がもの寂しくなりがちだった。そんなとき、とある居酒屋でハイボールと出会ったのだ。

なんと、ここのハイボールは1杯100円だった。

最初はジンジャーハイなどを頼んで距離をとっていたが、少しずつ距離は縮まっていき、気付けば隣にいる存在になっていた。

ハイボールの味は正直タイプではなかったけど、100円で愛しあえる関係は居心地が良かった。

ドラマみたいな恋の展開は期待できないけど、日常で気を使わず、一緒にいても苦がないハイボール。そんな彼と、気付けば婚姻届を出していた。

それ以来、新作のおいしそうなサワーやビールにホイホイついて行ってしまい、何度も離婚しかけたが、最終的に戻ってくるのはハイボールのところなのだ。

他のお酒と比べて太りにくいということもあり、心の底から甘えることができる唯一の存在なのである。


大好きな旦那に会えて安心したからか、瞬く間にセンチメンタルな気持ちは吹き飛び、お腹がぐーっと鳴り響いた。旦那の前なのに恥ずかしいじゃない。

さっそく、一緒に連れ帰った愛するおつまみたちをレジ袋から取り出していこう。

「すみれの冷凍炒飯」、「3種の醤油とだしのうま味にんにく醤油味」、「ピリ辛味のやわらか穂先メンマ」、さらには「具付き醤油ラーメン」、アイスなんかも買って、気付けばそこには夜食の城が築かれていた。

もしかして自分は王様だったのか?と錯覚するほど豪華な世界。ハイボールと見渡すこの光景は絶景だ。

まずは〝絶対的おつまみ〟として讃えているにんにく醤油からいただこう。酒村王国では、最強の戦士的ポジションだ。国を救うレベルに強い。

カリっ。

ぶわ〜〜〜、うまあああ
おいしーーー!!

カリッと音を立てて口の中で割れた後に、ニンニクの香ばしさがぶわ〜〜〜っと広がる。醤油もいい感じに染み込んでいて絶妙だ。

こんな強烈なニンニクの匂いを放っても笑って許してくれるのはハイボールくらいしかいないよ。

でも、いくらハイボールが許してくれているとはいえ、これをまるまる一袋食べきってしまうと翌日のお腹のコンディションがまずいことになってしまうので、優

最強のおつまみ!
3種の醤油とだしのうま味
にんにく醤油味
by セブンイレブン

しさに騙されてはいけない。

続けて、具付き醬油ラーメンを調理する。出来立ての湯気が天井にのぼりスチームフェイスとなって乾燥気味な肌を潤してくれる。ハイボールを持って少し冷たくなってしまった手も温めてくれた。

そのシンプルな味わいは、受験生だった頃の夜遅く、醬油ラーメンと肉味噌たっぷりのおにぎりを作ってくれた母の面影そのものだった。

あの頃は、いくら夜食を食べても太らなかったし、本当に代謝が良かったな。人間の体って、どうしてこんなにも廃れていくものなのだろう。

それでも、ハイボールと合わせればカロリーゼロってことでいいんだよね？

ラーメンには「すみれの冷凍炒飯」も合わせる。この炒飯は冷凍にもかかわらず、お米がしっかりパラパラしていて、卵の風味もしっかりと残っている。

炭水化物に炭水化物を合わせるのは許されないことだけど、ハイボールは「そういうところも可愛いね」って全部許容してくれちゃうんだ。

これもハイボールを飲めばカロリーゼロ。とことん私に甘いな、ハイボールは。

とはいえ、こんな夜中に罪深き食卓を前にしていると、さすがに罪悪感が湧いてきた。

でも、この背徳感が幸福に変換されるのだから厄介だ。

もう、全部コンビニのせいだ。深夜にも営業しているコンビニエンスストアが全部悪い。

そんな濡れ衣を着せて、そろそろ寝ようと思う。

人生パスタ史上ナンバーワン☆ジャンクパスタ

みんなのパスタ遍歴ってどんな感じなのだろう。

私は、小・中学生のときはキユーピーのたらこスパゲッティをこよなく愛し、明太子の寝袋のような衣装に身を包んだキユーピーのストラップを5個くらいガラケーにぶら下げていた。

でも食べ過ぎて飽きたのか、高校生あたりには濃厚カルボナーラへとブームが移行し、コンビニに行けばカルボナーラしか食べないこともあったくらいハマっていた。

しかし大学に入る頃には、カルボナーラは重たすぎて「ウップ……」となって完食できなくなり、そこからは王道のボロネーゼやミートソース一択となった。

ただ、それらはもちろんおいしかったけど、狂ったようにたらこスパやカルボナーラを食べていた頃と比べると、腑《ふ》に落ちない感覚も抱いていた。

そんなとき、社会人になってから出会ったのがペペロンチーノだ。

これまでは、具材も何も入っていない真っ裸のペペロンチーノに目もくれなかったが、金欠だったのでサイゼリヤで安いペペロンチーノを注文したら、一口食べて驚いた。

味付け薄めのシンプルパスタかと思い込んでいたところにガツンとやってきたニンニクの存在感と唐辛子のピリ辛さに、一瞬でやられてしまった。

具材があまりないペペロンチーノの上に粉チーズを山盛りにかける喜びも、緑のタバスコを思いっきりかける喜びも知ってしまった。パスタ界のジャンクを知った瞬間だった。

気付けば、味の濃さに物足りず、「もっとニンニクをくれよ……」とニンニクを求めて彷徨《さまよ》うまでになっていた。

市販の和《あ》えるだけのパスタソースでは満足いかず、桃屋のきざみニンニクをこれでもかというくらい投入して、ようやく「これだよ、これ」と腑に落ちるありさまだった。もはや私は、家パスタでしか満足できない体になってしまっていたのだ。

しかしほどなくして、現在も人生パスタ史上ナンバーワンに君臨するパスタに出会ってしまった。

仕事を辞めてから、小説や映画鑑賞に時間を割くようになり、久しぶりに村上春樹を読み直していたとき、猛烈にスパゲッティ、それも喫茶店に置かれているようなナポリタンが急に食べたくなって、ナポリタンを探して三千里の旅に出たときのことだ。

村上春樹の小説に登場するようなノスタルジックな空間で、主人公のように文学に溺れ、高尚な人間になりたかったのだが、いくつか喫茶店を巡ってナポリタンを食べても、どれもパッとしなかった。

そのとき、そういえば新宿にナポリタン専門店があったなと思い出し、足を運んだのが「スパゲッティーのパンチョ」だ。

新宿の東南口をうろちょろしているときに、やけにアニメキャラっぽい歌と癖の強い看板のナポリタン専門店があるなとは思っていたが、入るのは初めてだった。

階段をおりて店内に進むと、食券機が置いてある。スパゲッティのお店に食券機とは珍しいなと思いつつ、ナポリタン（並）とハイボールを注文した。

店内にはいろんなアニメキャラクターや映画の名台詞のポスターが貼られていて、辺りを見渡せば男性たちが何かに取り憑《つ》かれたかのように山盛りのナポリタンを貪っている。二郎を彷彿《ほうふつ》とさせるようなオーラだ。

私の思い描いていた、ちょっと小洒落た喫茶店でコーヒーを飲みながら食べるナポリタンの光景とは180度違う。

隣の男性のナポリタンの上にはハンバーグとエビフライ、大きな厚切りベーコンが乗っかっている。

「大人のお子様ランチなの？」とツッコミを入れたくなる見た目だ。

そうやって人間観察をしていると、昔ながらの銀色のお皿に「え、これが並盛り？」と思うほどの量のナポリタンが運ばれてきた。二郎さながらのボリュームなのだ。

早速、パスタをフォークで丁寧に巻き取って口に運ぶ。

そして食べた瞬間、稲妻が走った。

ジャンキーーーー!!

おいしーーーーーーっ!!

これが、わいが探し求めていたスパゲッティや!!

思わずエセ関西弁が出るほどの衝撃だった。

太麺のボリューム、そしてたっぷりの具材、ニンニク強めのケチャップがパスタに絡みつき、全体的に味が濃いめ。パスタ界のジャンクフード枠で優勝できる味だ。

味が濃い分、ハイボールの炭酸による爽快感とウイスキーの苦味がマッチし、いくらでも食べられそうだ。これは、やばい。

ふと横を見ると、隣に座った学生のナポリタンの上にソーセージ2本とポテトサラダが添えられているではないか。

何もカスタムせずに頼んだことが悔やまれる。

ハイボールと
合わせたら最強…！

その悔しさをぶつけるべく、目の前にあった無料の粉チーズを思いっきりかけてみた。無料カスタムの限界を見てみようじゃないか。

山盛りの粉チーズを麺に絡めて、パクリと一口。

えええ、粉チーズってこんなに味が変わるの？

粉チーズの素晴らしさに改めて感動したこの瞬間は、今でも忘れられない。

チーズの癖のある香りと塩っぽさが、ナポリタンをまた違ったジャンクの次元に導いてくれる。それを見越してなのか、タッパーいっぱいに粉チーズが入っているので思いっきりかけても罪悪感がまったくない。そもそもこのナポリタン自体が罪深き味付けなので、これ以上の罪悪感は生まれようがないのだ。

そして、さらに驚きの光景が目に飛び込んできた。

おじさんがナポリタンの上にマヨネーズをどっさりとかけているのだ。無料トッピングにまさかマヨネーズまで用意されているとは。

スパゲッティにマヨネーズという考えが今までなかったので、恐る恐る私も試してみたが、一瞬にしてわかった。あ、これカロリーの奈落だ。

もう、村上春樹とかノスタルジックとか高尚さとかどうでもよくなった。

憧れて真似しようとしても、それは本当の好きじゃない。好きとは、突然襲いかかるものなのだ。

こうして、何かあればパンチョに出向くようになってしまった。大好きなラーメンを差し置いて足を運ぶほど、パンチョへの愛は加速し、体重も一気に加速していった。

パンチョに通い詰めた結果、個人的ナンバーワンの組み合わせは、ナポリタンにぶっかけミートのトッピング、それにハンバーグ乗せだ。もちろんそこから無料トッピングを加えていく。

ミートとはその名の通り、ミートソースのことを指す。ナポリタンとミートソースの融合なんて考えたことなかったが、「ふたりはプリキュア!」のなぎさとほのかを超える勢いで相性が最強だった。まったく違った方向性のナポリタンになるのだ。ただしこれを食べてしまうと、通常のナポリタンの味が薄いとさえ感じてしまうようになるので要注意だ。

高カロリーはハイボールをがぶ飲みして、全部流しコロボックルしてしまおう。

牛角で肉魔女カーニバル!!

ちょい飲みがしたいな、とふと思う瞬間がある。いや常時か。

ともあれ、そんな気分のときに立ち寄りたい一軒が「牛角」である。

牛角はあらゆる場所にあり、場所を選ばない。

半額祭りや平日限定の早割、一部店舗には飲み放題付き定食なんかもある。一人客に対しても寛容なので足も踏み入れやすい。

飲み放題付きの焼肉定食は、おつまみ2種にたくさんの肉が乗ったプレート、ご飯付きで1078円という驚きの価格だ。しかもご飯はおかわり自由。それに釣られて3回くらい行ってしまった。

今日も、焼肉で飲みたいなあなんて思ってしまったので、安定の牛角にふらっと足を運んでしまった。

おにく♪
肉肉
おにく♪

店内に入れば、頭の中はもう肉魔女カーニバル状態。

焼肉と言ったらまずはビールだ。最愛なる牛タンを注文し、ビールと一緒に二人きりの時間を過ごそう。

網の上で焼かれる牛タンをビールとともに眺めていたら、ついビールとの過去を思い出してしまった。ようやく大人になれたようで、まだ子どものような二十歳の夏の話だ。

出会いは真夏の暑い昼のこと、大学のサークルの部室にある壊れかけのクーラーで涼もうと訪れたとき、喉が渇いていたので、小さな冷蔵庫の中を覗いてみた。

すると、キンキンに冷えた缶ビールがちょこんと座っていた。

当時は、スミノフや鏡月、梅酒ばかり飲んでいたから、ビールを飲むことはほとんどなかったけれど、汗が首から滴るほどの暑さに、つい誰のかわからないビールを飲んでしまった。

ゴクリと飲んだ瞬間、大人たちが語っていたあの〝喉越し〟というものが初めて理解できた。最高に気持ち良かった。飲めば飲むほど冴え渡るこの感覚に、もっと酔いしれたい――。

それ以降、夏祭りも海にもキャンプにも、いつでも隣にはビールがいた。

それなのに彼は、突然目の前から去っていった。

あるときから急に、ビールを飲むと頭痛が起きるようになったのだ。前代未聞の死活問題、気のせいかと思ったけど何度試してもダメだった。ビールという選択肢は一瞬にして奪われた。

現在は、アメリカの肝臓サプリのおかげか、ビールを飲んでもまったく頭痛も二日酔いも引き起こさないほど肝臓が強化された。

でも、ビールと別れた後、私はハイボールと結婚してしまった。だから、もう二度と好きになってはいけない存在なのだ。実質、元彼といったポジションに当たるだろう。

そんなビールとの甘くてほろ苦い青春を思い出していたら、続々と肉たちがやって来た。

網の上に焼いたそれらに、牛角のタレをたっぷり絡ませ、ドレスアップしたお肉をご飯の上に乗せる。

ご飯はネギがたっぷり乗っかっているＴＫＧが好きだ。このネギのように私とビールの学生時代は青かったよな、なんて思い出しながらアツアツな肉と米を一気にかきこむ。


おいしーーーっ!!


米と肉との熱愛が胃の中で繰り広げられる。肉を取り合う白米たち。今、私の胃袋の中で壮大な恋愛劇が始まったようだ。

そんな幻想を「わたあめすき焼きカルビ」でいっそう盛り上げていく。

「わたあめと肉の組み合わせ？　嘘だろ?」と思うかもしれないが、これは妄想と見せかけて現実だ。わたあめの上からタレをかけると、一瞬にしてわたあめがシュワッと儚《はかな》くも弾け飛ぶ。これは夢だったのかと錯覚するほどだ。

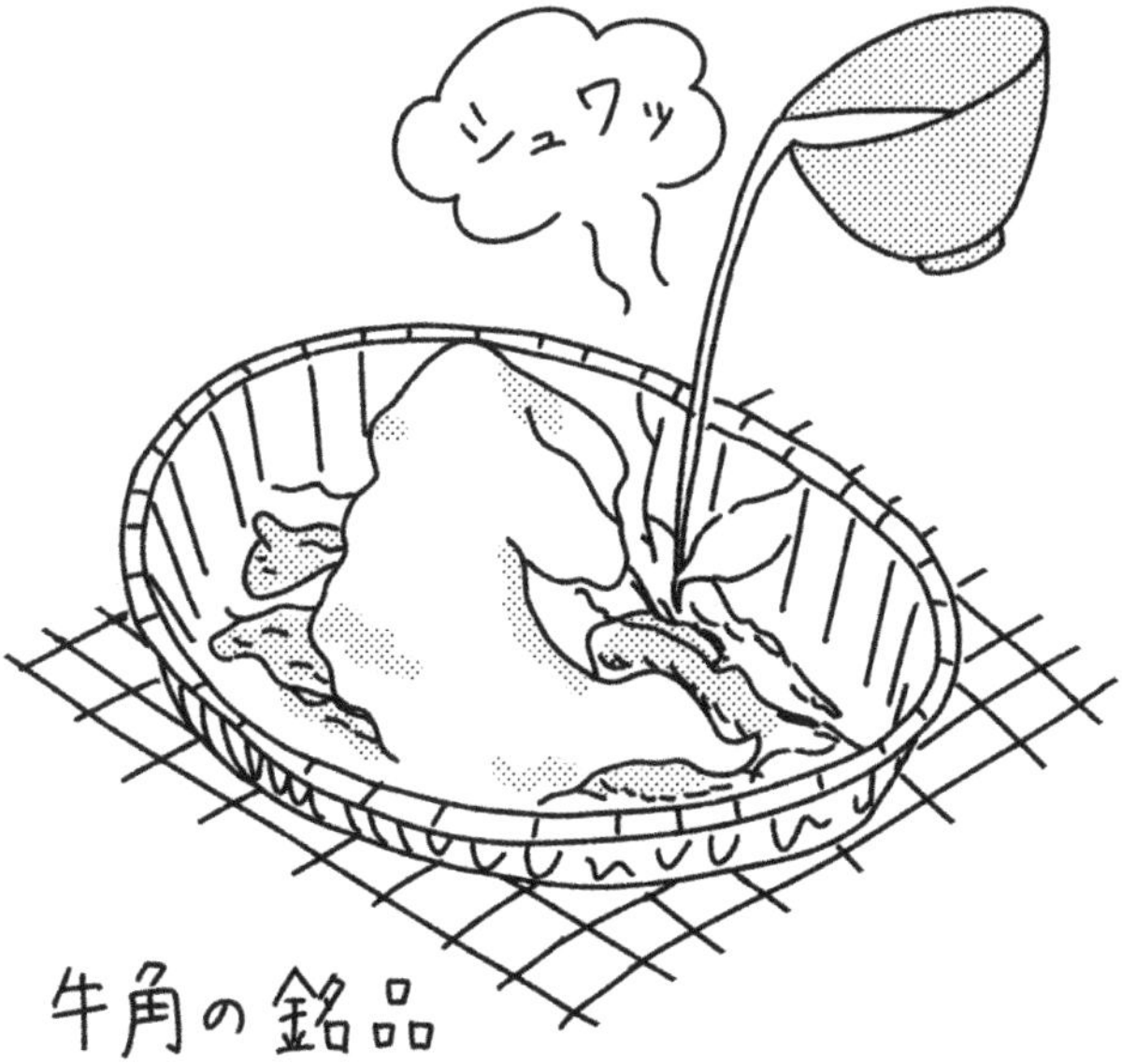

牛角の銘品
わたあめすき焼きカルビ

そして気付けば、目の前にはすき焼きが出来上がっている。魔法のようなメニューなので、心が荒《すさ》んだときにはぜひ頼んでほしい。

銀のプレートの中で、すき焼き独特の甘〜いタレにつけこまれた肉は、一口食べると幸せの鐘が脳内で鳴り出す。

からんからんからん♪

おいしーーーー!!

米にも合うし、ビールも進む。牛角に行ったら、ぜひ一度は頼んでほしい。

こうして夢のような肉魔女カーニバルを一通り堪能したら、締めに「梅しそ冷麺」を頼む。ズルポズルポと一気にすすれば、どんなにドロドロな恋愛劇もハッピーエンドに仕立ててくれる。

なんだか気分がいいから、今日は「メロンパンアイス」なんかも頼んじゃおうか。

サクサクでそのまま食べてもおいしそうなメロンパンに、七輪でジュッと焦げ目をつける。そして、アツアツ焼きたてのメロンパンに生クリームが乗っかったアイスを挟む。こんな贅沢なサンドイッチ、見たことがない。

見るからにサクサク焼きたてのメロンパンと、網の上でとろりと溶けていくアイスを眺めているだけで幸せになれる。

こうして最後まで幸せ気分にさせてくれるから、牛角はやめられないんだよなあ。


ちなみに、牛角は誕生日にもピッタリだ。私もこの前、誕生日に牛角でちょい飲みをしてきた。

ビールと二人きりで待つ私の前に現れたのは「肉ケーキ」だ。事前予約しないと食べられないお祝いの一品である。実は自分自身を祝うべく、事前に肉ケーキを電話で注文していた。

プレゼントボックスの蓋を開けると、二段に重なった肉のケーキが姿を現す。

おそらく新人であろう店員さんが、一人で座る私を見て「お写真、撮りましょうか……？」と聞いてきたとき、少しだけ恥ずかしくなった。

一緒に食べる予定だったのに、大遅刻してきた妹のことは一生許さない。

朝の築地はおつまみチャンピオンロードだった

これまで何度も、行こう行こうと思って行けなかった場所がある。

それは築地だ。

理由はかんたん、朝起きられないからである。そんな早起きチャレンジに失敗して行けずじまいだった築地に、ようやく訪れるときが来た。

築地から10分近くの一泊１５００円のドミトリーを予約したのだ。そこに滞在し、ギリギリまで睡眠をとる作戦だ。

築地のために備えた朝。ドミトリーの少し凹んだベッドの上で「二度寝しようよ」という悪魔の囁《ささや》きに何度も便乗しかけたが、ここまで態勢を整えたのに行かないなんてありえない。理性を働かせて重い体を起こし、朝の7時に築地に向かった。

築地市場をぐるりと回っていると、活きのいい魚たちや炭火焼きのいい香り、どこを歩いてもおつまみチャンピオンロードが続いている。比較的まだ朝が早いからか、人も少なくて心地がいい。

その中に、卵焼き屋さんエリアがあった。「ここは卵焼きの聖地なのか？」というレベルで卵焼き屋さんがずらりと並んでいる。

優柔不断な私は、一番近くにあった「山長」という卵焼き屋さんで食べることにした。そして、値段を見て驚いた。

なんと１００円だ。まさか、ダイソー価格でこれが食べられるのか？

お得な気持ちで胸がいっぱいになる。

ふわふわの何層にも卵が重なったミルフィーユ状態の卵焼きが串に刺さっている。当たり前かのようにビールも一緒に売られているので、紙コップなみなみのアサヒスーパードライとの二刀流で攻める。

「アツアツっ」と卵焼きをかじりながら、朝一のビールをぐいっと一口飲んだ瞬間、まだ体の中に残っていた睡魔がさっと消え去った。

まるで、体の中のモヤモヤが悪霊退散されたかのように消えて驚いた。築地のお

朝の築地は
おつまみチャンピオンロードだった

祓い能力おそるべし。


そのまま市場を歩いていると、お兄さんに生牡蠣をすすめられた。

でも、生牡蠣はあまり食べないようにしている。

旧友たちが「生牡蠣を食べるなら、保険で次の日は休みにしておきたい」などと話すのを聞いて、恐ろしいイメージを抱いていたからだ。

でもまぁ、生牡蠣を食ってあたるならそれもまた人生か。

早起きの勢いに任せて、生牡蠣を頼んでしまった。

勢いに任せて、一気にすすっていただこう。


じゅるる……

おいしーーー!!


ポン酢と生牡蠣ミルクのハーモニー。海のミルクってこういうことなのかと悟った。築地ではこれが牛乳なのかもしれない。

生牡蠣を食べた後に飲むビールは、これまでにない風味となってさらに驚いた。

まろやかでいつも以上に優しさを感じる、まるで付き合いたての彼氏のような優しさだ。

このまま徐々に海鮮に移行しよう。

LINE Payが使えると知った瞬間に入店を決めた海鮮丼と寿司のお店「つきじかんの」で、せっかくだからちょっと贅沢しようと雲丹《うに》といくらの寿司を注文した。本当は丼を攻めたいところだけど、まだ食べ歩きしたいので我慢して寿司にしておいた。

朝なのでビールもサービス価格、さらにはお味噌汁までサービスで付いてきた。朝はいいこと尽くしだな。

出てきた寿司には、溢れこぼれるほどの雲丹とイクラが光っている。

まずは、雲丹を豪快に一口。

おいしーーーーっ!!

食した瞬間、目の前に海が広がった。心地よい優しい海。私とビールの恋を温めてくれるそんな海だ。

キラキラと光を反射させるほどに美しいイクラも一口でいただく。ぷちぷちと弾けるいくらを舌で受け止めながら、続け様にビールの海を海水浴する。

すると瞬く間に、海はより深く、深海の域にまで達した。

先ほどまでは水面下を泳ぐ人魚気分を味わっていたが、もはや深海に潜むチョウチンアンコウの気分だ。

誰か私を、アルコールと海鮮の海から釣り上げて、なんなら売りさばいてくれ。「どうぶつの森」だったらチョウチンアンコウは２５００ベルの価値になるから、早く現実に連れ戻してくれ。

そう乞いたくなるほどに深い幸せに溺れ、危うく戻れなくなりかけた。

でも、こうしてずっと築地の海を彷徨《さまよ》っていたくなる。

しょっぱいものが続いたから甘いものをと探索していると、本マグロの形をしたたい焼きを発見した。もはや「鯛」はどこへ行ってしまったんだろう？

薄皮でパリパリ要素強めな本マグロのたい焼きは、大半の体積をあんこが占めていた。

朝の築地は
おつまみチャンピオンロードだった

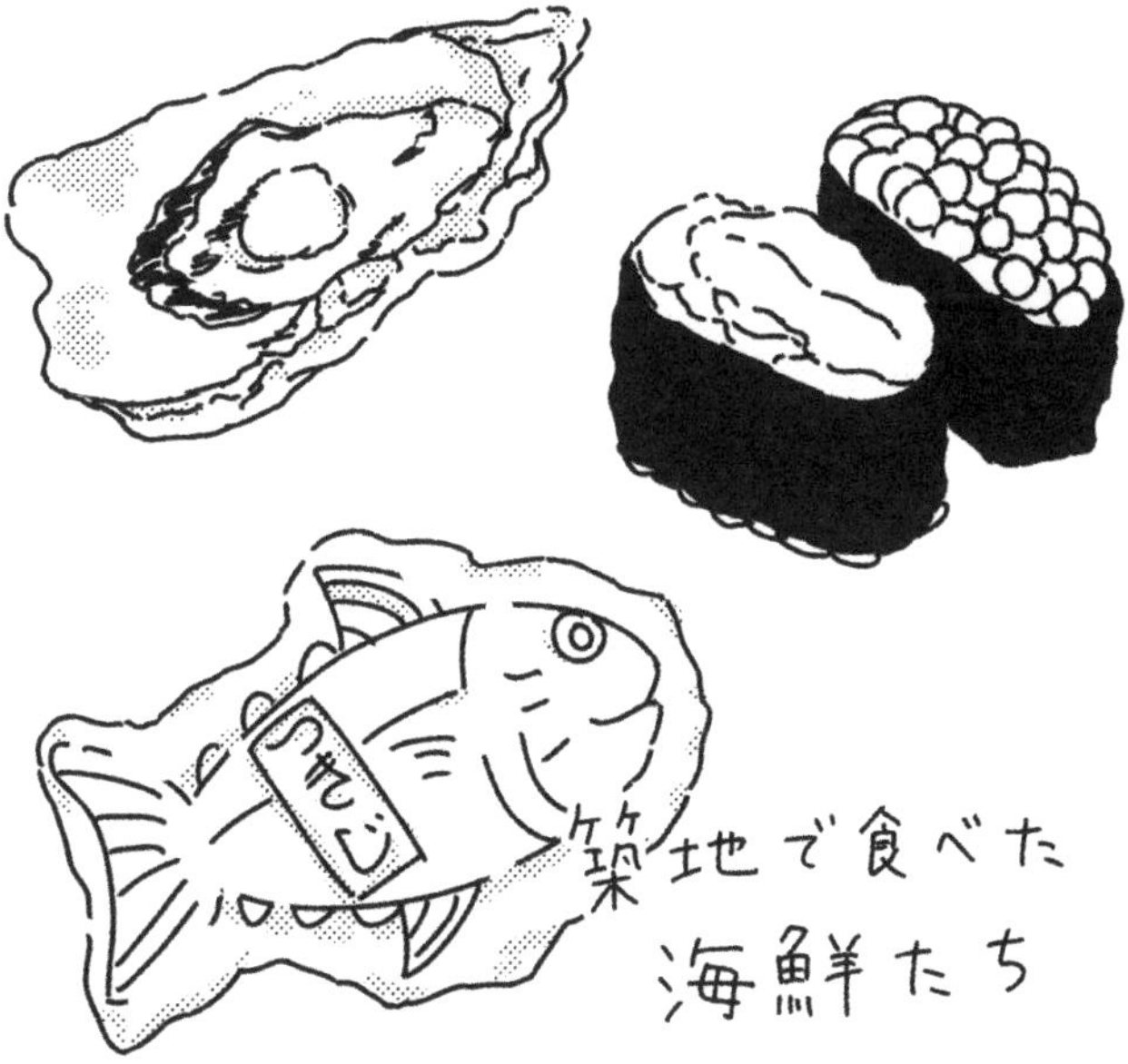

たっぷりのあんこを噛みしめていたら、私のおじいちゃんが毎日ボウルにいっぱいのあんこを抱えて食べていたのを思い出してしまった。じいちゃんはつぶあん派だったけど、私はこしあん派だな。

でも、とあるゲームで、狙っていたメンズがつぶあん派で喧嘩になり、つぶあんノイローゼになってバッドエンドを迎えて以降、少しトラウマになっている。

甘いもので回復した後は、「きつねや」という店に入った。道沿いで屋台のような形式でホルモン煮込みを提供している店だ。

そこで煮込みと瓶ビールを注文し、立ち飲みまでしてしまった。

ホルモンの煮込みとビール、

最高においしいーーーー!!

いったい今日は、どれだけ心の叫びが出てしまったのだろうか。

なんとも贅沢な一日だ。早起きしたかいがありすぎる。

朝の贅沢って、幸福度が爆上がりだな。

夜の贅沢は、幸せが終わるのが怖くて、次の日が余計に辛くなることが多いけど、朝であれば一日の始まりをぽんと後押ししてくれ、「よし、これから頑張るか！」と前向きにさせてくれるような気がする。

だって、こんな幸せハッピーな朝を過ごしても、まだまだ時間がたくさんある。何でもできる。

おいしいものをたくさん食べて、適度なアルコールで始まる一日はポジティブになれるな。

今日という一日を思いっきり楽しむぞ、と甘辛いホルモンをパクパクと食べ進め、ビールでお腹がはち切れそうなくらい満たされた後は、宿に戻って、しばらく眠り続けた。これもまた人生。

スイーツパラダイスでわんこパスタ

時折、なんだか急に甘いものが食べたくなる。

あの現象は一体何なんだろう?

「ロイズのような生チョコに深いウイスキーなんかを合わせて食べたいな」「真っ白な生クリームでコーティングされたケーキと一緒にシャンパンを飲むのもおいしそうだな」なんて思ってしまう。

もしくは、チョコの中に酒が入っているウイスキーボンボンやバッカスなんかを思いっきり食べたいという衝動に駆られる。

それが、いざコンビニやスーパーで甘いものを買おうと出かけると、目の前に立ちはだかる惣菜、寿司などを見て気持ちがそがれ、気付けばいつもと同じつまみを買ってしまう。

しかし、今日は本気だ。

絶対甘いものを食べる、私は誘惑に負けない。

そんな強い意志で、スイーツ食べ放題の名店「スイーツパラダイス」を予約した。

スイーツパラダイス、略してスイパラは中学生時代の最高の贅沢だった。今で言えば「焼肉いくぞ！」くらいの意気込みなしには行けない場所だった。

有り金はすべて漫画やフィギュアに費やしていたので、スイパラに行くお金など無論残ってはいなかった。だけど、たまにしか行けないからこそ、いつでも新鮮な気持ちでケーキバイキングを楽しむことができたのだと思う。

そして大人になった今、改めて新鮮な気持ちでスイパラに向かうのだ。

学生の溜まり場だから、さすがに酒はないだろうな。まあ、たまにはお酒がない日もいいよね。ケーキを思いっきりたくさん食べよう。

お気に入りのセーターをおろして、一人女子会をしに、スイパラへお出かけだ。

休肝日、休肝日〜♪と、スイーツの楽園へ足を踏み入れた瞬間、発券機の横からぴょこんと顔を覗かせる一枚のポップと目が合ってしまった。

「プレモルあります！」

こんなところでも偶然に出会ってしまうものなのか？

気付いたらプレモルの缶を2本買ってしまっていた。

こんな可愛い空間でプレモルをおかわりするなんて、とてもじゃないけど恥ずかしくてできない。だから、あらかじめ2本買っておこうというわけだ。

バイキングに向かう前に、まずは冷えた状態のプレモルで乾杯だ。ケーキを目の前にビールを飲むって正直訳がわからないが、それでもプレモルは期待を裏切らずうまかった。

周囲を見渡しても、他にプレモルを飲んでいる仲間はどこにもおらず、ちょっとむず痒《がゆ》い気持ちになった。

唯一の救いは、プレモルは『ちびまる子ちゃん』の花輪くん的ポジションだということだ。フローラルで気品あるビールなので、比較的、女子会の中に紛れていてもそれほど違和感はないと信じている。

プレモルで一息ついたら、大きなお皿を持って、いざケーキバイキングへ。

スイパラのケーキはとにかく糖度高めだ。新宿の駅チカにスイパラ系列の1個100円のケーキ屋さんがあるけど、そこでもいつも買いすぎて、甘くて食べきれずに後悔するという過ちを繰り返している。

そんなことは忘れたかのように、「紅茶シフォンのケーキが好きだったな」とか思い出し、バイキングで目についたケーキをポンポンと皿に乗せていった。

この選んでいるときのドキ胸な喜び、そしてケーキを好きなだけ食べられるというワクワク感は変わらないなあ。

果物のゼリーや生クリームたっぷりのロールケーキ、チョコレートケーキに抹茶のムース……。正直全部食べて制覇してやろうと思ったけど、絶対食べきれないので大人しく厳選してピックアップした。

そこに登場したのは、ケーキの量をはるかに超えるパスタたちだ。

ペペロンチーノや明太クリームパスタ、トマトソース……。スイパラでは、いろんな種類のパスタを少量で、わんこそば感覚でいただけるのだ。

ちょうど缶ビールを頼んでしまったから、塩っ気のあるものがなくてはならない。

ゆえに、スイパラでパスタを頼みまくるという掟破《おきてやぶ》りをしてしまった。神よ、どうか許してくれ。

冷めたらおいしくなくなるから、さっそくパスタからいただこう。

ちゅるるん。

パスタ、おいしーーーっ!!

スイパラのパスタは、結構コシがあり、しっかりとしている。

ペペロンチーノの味付けもニンニクがセンターポジションにどっしり構えていて、ジャンクな味付けがたまらない。

大体どのお皿も3口程度で食べきれる量なので、わんこそばならぬ、わんこペペロンになってしまう。

食べたら最後、止まらない。

何度もおかわりしてしまう。

もはや、パスタパラダイスになっている。

これはいかんと、この辺でようやくデザートにも手をつけ始める。

でも、やっぱりスイパラらしく糖度が高くて甘いので、定期的にパスタをドーピングしながらプレモルを飲むはめになった。

結局、酒飲んでるな、私。

おや？　スープにカレーなんかもあるじゃないか？


……


こうして、今日の私の目的はしっかりと遂行された。（？）

甘いものを食べた。ビールも飲んだ。パスタも食った。

肝臓が「あれ、今日って休肝日じゃなかった……？」と細い声で囁《ささや》いているような気もするが、そんなことはもう忘れた。

先生！

この人さっきから
ケーキじゃないものばかり
注文してます！

レトロ自販機とコークハイと私

つめたく冷えたスイカをしゃりしゃりと食べながら「少年時代」を口ずさむ昼下がり。茣蓙《ござ》の上で扇風機のそよ風に煽られながら風鈴のチリンと鳴る音を聞く。

理由はわからないが、二十歳を過ぎた頃からノスタルジックさや懐かしさを感じさせるものに出会うと、心が安らぐ。

自分の世代だと、たまごっちやファービー、ミニモニやモバゲーが主流であったが、それよりももっと前、「ぼくのなつやすみ」のような昭和香る世界観がとりわけ好きなのだ。

たくさんの人で溢れ、孤独が浮き彫りになる東京にいて、無意識のうちに疲れているのだろうか。

自然に囲まれ、石焼き芋のアナウンスが鳴り響く夕暮れ、商店街の賑わい。SNSで苦しむ人も悪態をつく人も存在しない、そんな優しさと愛で溢れた世界を昭和に投影しているのかもしれない。

そんな私に、レトロ自販機の存在は朗報だった。なんと、お金を入れるとラーメンや天ぷらそば、カレーやハンバーガーなどが出てくるという珍スポットが、神奈川の相模原にあるらしいのだ。

これは行くしかない、とピクニック感覚で角瓶を持って家を出た。ウイスキーは私にとって旦那なので、もはやデートみたいなものだ。

現地に到着すると、ずらりと古びた自販機が並んでいた。

本当に、これ動くのか?とも思ったが、丁度ラーメンを買って手慣れた手つきでトッピングしている人がいたので安心した。

まずは、瓶コーラで乾杯だ。珍しくファンタの瓶もあるぞ。

それにしても瓶で飲むコーラが一番うまいと感じるのはなぜだろう? 気持ちの問題だろうか。

キンキンに冷えた瓶コーラで軽く喉を潤したら、自宅から持ってきた紙コップにウイスキーを注ぎ、コーラで割る。

するとあら不思議、コークハイの完成である。

外の空気を吸いながら、太陽に照らされて飲むコークハイは一段と、

おいしーー!!


昼から外で飲む背徳感、悪くないね。

レトロ自販機の瓶コーラでコークハイを作った先人はどのくらいいるのだろうか。時代を超えて分かち合いたい。


たちまち、つまみが欲しくなった。

立ち上がって、ラーメン自販機の前に立ち尽くす。

ラーメン300円、チャーシューラーメン400円、どちらにしよう。

欲張るのも良くないので、『チャージマン研!』のチントン亭に想いを馳せながら、普通のラーメンを選んだ。

ガタンと完成の合図が鳴ったから扉を開くと、先人が取りこぼした麺がぶら下がっていた。それもまた一興である。

ラーメンには、小学校の給食に出てくるような器の中にスープと麺とメンマとほうれん草、そしてチャーシューが1枚乗っていた。

自販機の中の厨房はどんなふうになっているのだろう？

それにしても無人ラーメンを食べるのは初めてだ。

冷めないうちに、一口。

ズルポポズルポ。

おお、あっさり醤油味！　これ、手料理じゃないのが信じられない。給食のおばちゃんの幻影が見えるぞ。

と同時に、幼い頃の記憶が蘇った。『かいけつゾロリ』をひたすら読んだ記憶や『こまったさんのスパゲティ』を読んだ記憶。颯爽と一人で家に帰り、ドラクエ8をやった記憶。

どれもこれも一人の記憶しかないのはなぜだろう？

必死にひねり出しても、幼稚園のときにしょくぱんまんにガチ恋していた記憶しか出てこない。

他にもつまみはないものかと探索していると、アイスクリームや駄菓子屋でよく見かけるラムネのシガレットまであった。

タバコは吸わないから銘柄はキャメルくらいしか知らないけれど、このシガレットならわかる。昔好きだったブルーベリーシガレットを買って口にくわえながらウイスキーを飲み、ちょっぴり大人な気分に浸った。

ハンバーガーやそばの自販機まである。せっかくだから欲張って買ってみようか。

「ガタンっ」

ハンバーガーが小さな四角い箱に入って出てきた。昔ながらのイラストに赤い文字で書かれた「ハンバーガー」という文字、時代を感じさせる。

さっそく食べようと開けた瞬間、目を疑った。

ハンバーガーも歳を取ってしまったのだろうか？

イラストとは異なるシワシワのバンズが出てきた。多分、肌年齢は80歳くらいだ。

このおばあちゃんバーガーはケチャップがしっかりと染み込んでいて、バンズは柔らかった。

そんなこんなでコークハイが枯れてしまったので、保冷剤で冷やしながら持ってきたハイボールを開けた。
ハイボール日和だなと気分をリセットし、そばの自販機で買った天ぷらそばの天ぷらにかぶりつく。

ザクっ。

おいしーーーーー!!

温かい汁が染み込んだ天ぷらは優しさに包まれていた。マザー・テレサは存在したんだと悟ってしまった。
決して、質の高い味ではないが、懐かしさと感動で悶絶《もんぜつ》しそうだ。かまぼこが入っているのも嬉しい。
すべて食べ終えて、ふう……と一息つくと幸せな気持ちが押し寄せてきた。今日もよく食べて、よく飲んだなあ。唐揚げやポテトの自販機が売れ切れだったので、また来よっと。

最後におみくじの機械があったので100円を入れてみた。

すると予想外の出来事が起こった。2枚出てきたのだ。前の人が結果を見るのを恐れて、取らずに帰ったのだろうか。

開けると、中吉と小吉という結果が出てきた。

どちらもなんとも言えず、どっちを信じていいのかわからないので、とりあえずフェンスに結んで「いいことないかな」なんて思いながら石ころを蹴って帰った。

エピローグ
酒とともに生きる

頑張ろうとしすぎた結果、自分を追い込んでブルーになってしまった経験が何度もある。

特に何かに対して「やるぞ！」と意気込みを持ったときは極端で、それしかできないモードになってしまう。

たとえば受験勉強のときには、一切娯楽の隙を与えず、学校の昼ごはんですら一人で食べて余暇を許さずに、22時までは塾に引きこもり、その後は日付を超えてもスターバックスでチャイティーラテ片手に勉強していた。

それが、少しでも計画が崩れると一瞬にしてやる気がなくなり、気持ちがズーンと沈んでしまう。そんなネガティブ自己嫌悪に陥るのは、今になっても変わらない。

最近でも自分をアップグレードしようと、美容室や整体、人と会う予定、来月分までの執筆など、無謀なスケジュールを1週間に詰め込んだ結果、キャパオーバーとなって、激しい自己嫌悪に陥ってしまった。

そんな心がダークサイドに闇堕ちしそうになっていた夜、たまたま韓国料理の屋台を見かけて、マッコリでも飲んで、夜空を眺めながら反省会でもしようと立ち寄った。

小伝馬町《こでんま》にある「豚大門市場《トンデムンシジャン》」というお店だ。新大久保とは違って周囲にはオフィスやマンションばかりの閑静な通りにある。店内は賑やかで、日常でよく見かける居酒屋の風景が広がっている。

でも今日は、そんな陽だまりの空間にいたら押しつぶされてしまいそうなので、肌寒くはあったけど、外の小さなテーブル席にちょこんと座った。

マッコリの飲み比べセットを頼むと、栗、梨、黒豆のマッコリがそれぞれおちょこに注がれてやってきた。マッコリ特有のお米の甘さがふわっと舞い込んだ後に香る、梨やほんのりとした栗や黒豆の香り。

いろんな味のマッコリを少量ずつ飲み比べできて、ちょっぴり幸せな気持ちになった。

おいしい酒は、沈んだ心もすべて黙って汲み取ってくれ、ほろ酔いという名の幸福感に変えてくれる。

酒はいつでも私の味方をしてくれるな。

いつの間にか、落ち込んでいても「落ち込んでるんだよね」なんて素直に言えなくなってしまった不器用な私を察して慰めてくれる酒は、本当に人生の味方でしかない。


この本を書いていて、「自分の人生って、何に支えられてきたのだろう?」と考えたが、そのときも真っ先に酒が出てきた。

もともと酒を飲み始めたのも、内気な自分でもコミュニケーションがスムーズに取れるようになる魔法を、アルコールにかけてもらったことが始まりだった。

あいにくコミュ障な私は、一度会った人に二度と会ってもらえなくなるレベルに話が上手くないので、酒の力が必須だった。

大好きなバンドのライブを見て思わず泣いてしまったときも、思い出したくもない最悪な失態を犯したときも、許し難い事件が起こったときも、最高に笑える思い出が何かと問われるときも、そこには必ず酒があった。

深夜に一人、何となく寂しくてコンビニエンスストアに行くときも、必ず待っていてくれて寄り添ってくれる。そんな酒に、私は恋しているのかもしれない。

酒によるひどい二日酔いや、思い出したくもない失態、久しぶりに乗って絶望した体重計、いろんな障壁に直面するけれど、それでもやっぱり酒のことが好きなのだ。一途でしょう?

いつでも寄り添ってくれる酒は、私の人生には必要不可欠だ。

自分らしい幸せの作り方も、私は酒に教えてもらった。

酒があったほうが彩りある人生を送ることができると気付いてしまったのだ。

確かに飲み過ぎはよくない。

だけど、人生は長い宴なのだから、たまには休んでほろ酔いになりながら明日のことを何となく考えるのも大切だ。ほろ酔いくらいのゆとりを持っていたほうが、見落としていたことに気付くきっかけにもなる。

溺れない程度に、これからも酒を愛し続けようと思う。

とりあえず、最後に大切なことを伝えて終わりにしよう。

KIRIN BEER
一番搾り

どう？　飲みたくなった？

おしまい

酒村ゆっけ、

酒を愛し、酒に愛される孤独な女。新卒半年で仕事を辞め、そのままネオ無職を全う中。引っ込み思案で、人見知りを極めているけれど酒がそばにいてくれるから大丈夫。ハイボール、ビール、ストゼロ……たくさんの酒彼氏に囲まれて生きている。食べること、映画や本、そして美味しいお酒に溺れる毎日。そんな酒との生活を文章に綴り、YouTubeにて酒テロ動画を発信している。気付けば、画面越しのたくさんの乾杯仲間たちに囲まれていた。

※本書に登場する飲食店のメニュー、料金は、執筆当時のものです。現在は変更されている場合があります。

無職、ときどきハイボール

2021年3月9日　第1刷発行
2021年9月15日　第3刷発行

著　者――酒村ゆっけ、
発行所――ダイヤモンド社
〒150-8409　東京都渋谷区神宮前6-12-17
https://www.diamond.co.jp/
電話／03･5778･7233（編集）　03･5778･7240（販売）
装丁――喜來詩織（エントツ）
本文DTP――梅里珠美（北路社）
イラスト――しおひがり
製作進行――ダイヤモンド・グラフィック社
校正――加藤義廣（小柳商店）
印刷・製本―勇進印刷
編集担当――畑下裕貴

ISBN 978-4-478-11109-3

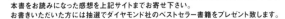